고작 다섯 명이 한 말을
어떻게 믿어요?

고작 다섯 명이 한 말을 어떻게 믿어요?

정성 연구에 신뢰를 더하는 UX 리서치 전략

초판 1쇄 발행 2024년 12월 13일

지은이 송라영 / **펴낸이** 전태호
펴낸곳 한빛미디어(주) / **주소** 서울시 서대문구 연희로2길 62 한빛미디어(주) IT출판2부
전화 02-325-5544 / **팩스** 02-336-7124
등록 1999년 6월 24일 제25100-2017-000058호 / **ISBN** 979-11-6921-323-3 93000

총괄 송경석 / **책임편집** 홍성신 / **기획 · 편집** 김수민 / **교정** 고란희
디자인 이아란 / **전산편집** 다인
영업 김형진, 장경환, 조유미 / **마케팅** 박상용, 한종진, 이행은, 김선아, 고광일, 성화정, 김한솔 / **제작** 박성우, 김정우

이 책에 대한 의견이나 오탈자 및 잘못된 내용은 출판사 홈페이지나 아래 이메일로 알려주십시오.
파본은 구매처에서 교환하실 수 있습니다. 책값은 뒤표지에 표시되어 있습니다.
한빛미디어 홈페이지 www.hanbit.co.kr / 이메일 ask@hanbit.co.kr

지금 하지 않으면 할 수 없는 일이 있습니다.
책으로 펴내고 싶은 아이디어나 원고를 메일(**writer@hanbit.co.kr**)로 보내주세요.
한빛미디어(주)는 여러분의 소중한 경험과 지식을 기다리고 있습니다.

고작 다섯 명이 한 말을 어떻게 믿어요?

?ㅎ!

송라영 지음

정성 연구에 신뢰를 더하는
UX 리서치 전략

한빛미디어
Hanbit Media, Inc.

추천의 말

최근 국내에서도 UX 리서치를 제품 성공의 중심에 두기 시작했습니다. 이러한 변화의 시기에 이 책은 가뭄에 단비 같은 존재입니다. 저자는 학계와 UX 산업을 아우르는 다양한 경험을 바탕으로 정성 연구의 중요성을 기존의 어떤 책보다 쉽고 체계적으로 전달합니다. UX 리서치에 막 입문한 초심자뿐 아니라 오랜 시간 현장에서 일해온 리서처에게도 적극 추천합니다.

_박효정, JP모건 체이스 시니어 UX 리서치 매니저

프로덕트와 UX의 의사결정에 꼭 필요한 정성 연구는 종종 오해와 편견으로 외면받곤 합니다. 이 책은 정성 연구의 중요성과 가치를 조명하며 이를 올바르게 수행해 실질적인 임팩트를 창출하는 방법을 체계적으로 제시합니다. 저자는 미국에서 박사 학위를 받고 유수의 글로벌 기업에서 UX 리서처로 활동하며 쌓은 깊이 있는 경험을 바탕으로, 정성 연구에 대한 실무적 통찰을 이해하기 쉽고 명확하게 풀어냈습니다.

_신솔이, 아마존 AWS UX 리서처, 전 일리노이 국제 경영 교수

이 책은 일상 속의 낯선 요소를 끈질기게 탐구하는 UX 리서치 과정을 생생하게 풀어냅니다. 리서치를 처음 시작하는 분들을 위해 저자의 경험을 고스란히 담아냈습니다. 무엇보다 리서치가 단순히 연구를 위한 연구로 끝나지 않도록 현장감을 더하고자 세심하게 고민한 흔적이 느껴집니다. 리서치 과정에서 이해관계자와 함께한다는 것이 어떤 의미인지 알고 싶거나 연구 결과를 효과적으로 공유하는 방법을 고민하는 분들에게 큰 도움이 될 것입니다.

_이애라, 한국외국어대학교 상담·UX심리학과 겸임교수

이 책을 읽으며 '정성 연구가 이렇게 흥미로울 수 있구나'라는 생각이 들었습니다. 이론뿐만 아니라 실무에 즉각 활용할 수 있는 팁과 생생한 사례들이 가득하여 읽는 내내 고개가 절로 끄덕여졌습니다. 특히 리서치 관련 업무를 하며 누구나 한 번쯤 품었을 법한 의문에 대해 명쾌한 답을 알려주어 머릿속에 전구가 켜지는 듯한 깨달음의 순간을 많이 경험했습니다. 또한 저자가 제시하는 이해관계자들과 자연스럽게 협력하는 전략들은 리서치 과정에서 느꼈던 고민들을 하나씩 해소해주었습니다. 정성 연구의 복잡함을 쉽게 풀어내면서도 그 깊이는 잃지 않은, 매우 든든한 가이드북입니다.

_김중곤, 글로벌 AI 플랫폼 코퍼레이션 프로덕트 디자이너

숫자만으로는 해답을 찾기 어려운 사용자 경험과 감정을 진정으로 이해하고 이를 바탕으로 더욱 통찰력 있는 결정을 내리고 싶다면 이 책을 읽어보세요. 정성 연구의 중요성과 실무에서의 접근법 그리고 데이터의 양면을 활용하는 방법까지 체계적으로 안내합니다. 특히 UX 리서처, 프로덕트 매니저, 데이터 분석가 등 사용자 경험에 깊이 있는 이해가 필요한 분들에게 꼭 필요한 책입니다. 숫자 이면에 담긴 사람들의 이야기를 놓치지 않고 새로운 통찰을 얻고자 하는 이들에게 강력히 추천합니다.

_서민지, 카카오 인터랙션 플랫폼 기획자

시중의 많은 UX 리서치 서적이 기본적인 방법론과 업계 입문에 중점을 둔다면 이 책은 '정성 연구'에 집중합니다. UX 리서치에 관심 있는 입문자부터 정성 연구를 목표로 하는 대학원생, 연구 결과를 바탕으로 조직 내 인사이트를 찾아야 하는 시니어 UX 리서처까지 폭넓은 독자층에게 유용할 것입니다. 또한 실제 빅테크 기업에서 이해관계자를 설득하고 가시적인 성과를 이끌어낸 구체적인 사례와 실무 경험이 누구나 이해할 수 있는 쉬운 언어로 생생하게 담겨 있어, 정성 연구에 대한 깊이 있는 이해가 필요하다면 이 책을 강력 추천합니다.

_권해솜, 무신사 UX 리서처

복잡한 산업 구조에서 정성 연구를 처음 시도하는 리서처를 위한 책입니다. 정성 연구의 장점뿐만 아니라 한계 그리고 한계에서 비롯된 도전 과제를 어떻게 해결해야 하는지 상세히 알려줍니다. 빅테크와 IT 스타트업에서 활동한 UX 리서처, 프로덕트 디자이너, UX/UI 디자이너라면 매우 공감할 만한 사례들을 많이 다뤄 UX 리서처 직무를 준비하는 이들에게도 많은 도움이 될 것입니다. 그리고 이해관계자의 요구에 따라 빠르게 인사이트를 제공해야 할 때 큰 힘이 될 것입니다. 이 책을 시작으로 UX 리서치의 방대한 세계에 첫걸음을 내디뎌보세요.

_**김태규,** 유투시스템 UX 리서처

이 책은 UX 리서치를 처음 시작하는 이들에게 정성 연구의 기본을 탄탄히 다져줍니다. 정성 연구의 핵심 가치와 실무에 즉시 적용 가능한 구체적인 방법론을 제시하고, 특히 정량 데이터로는 설명할 수 없는 유저의 감정이나 동기, 행동의 이유를 심층적으로 파악하여 초기 제품 개발 단계부터 유저의 숨겨진 니즈를 효과적으로 반영할 수 있도록 합니다. 실제 UX 리서처들이 현장에서 자주 맞닥뜨리는 다양한 문제를 해결하는 데 필요한 구체적인 전략도 제공합니다. 또한 정성 연구의 설계부터 데이터 수집, 분석, 보고에 이르는 전 과정을 세부적으로 설명하며 신뢰성을 높이는 방법과 설득력 있는 데이터 전달법까지 제시합니다. 이러한 내용은 이해관계자의 리서치 참여도를 높이거나 연구 결과물로 이해관계자를 설득하는 데 큰 도움이 될 것입니다. UX 리서처뿐만 아니라, UX 디자이너, 프로덕트 매니저들도 이 책을 통해 UX 리서치의 힘을 이해하고 이를 통해 더욱 풍부한 사용자 경험을 설계할 수 있을 것입니다.

_**노예경,** 라인플러스 UX 리서처

10년 넘게 프로덕트를 만들어오며 깨달은 가장 중요한 한 가지는 프로덕트를 성공시키는 열쇠가 바로 '유저에 대한 깊은 이해'라는 것입니다. UX 리서치 조직이 없는 회사에서는 개인적으로 공부하며 고군분투하는 메이커가 많습니다. 그러나 정성 연구를 체계적으로 학습할 수 있는 경로가 제한적이고, 시중의 책들은 어려운 용어로 가득하여 실무에 적용하기 어렵지요. 이 과정에서 '내가 과연 제대로 하고 있는 걸까?'라는 걱정을 자주 하게 되는데, 이 책이 그 의문점을 해결해줍니다. 이 책은 저자의 다양한 경험을 바탕으로 정성 연구를 잘 수행하기 위한 기본 개념과 실무 팁을 A부터 Z까지 안내합니다. 유저에 대해 더 깊이 이해하고 싶은데 어떻게 시작해야 할지 감을 잡기 어려운 프로덕트 메이커와 프로덕트를 이끄는 리더에게 반드시 읽어보라고 권하고 싶습니다.

_박세연, ABLY 프로덕트 디자이너

이 책은 많은 이들이 갖고 있는 정성 연구에 대한 오해를 단번에 해소할 뿐만 아니라 리서처가 필요로 하는 내용을 정확히 파악하고 이를 효과적으로 풀어내며 깊은 통찰을 줍니다. 실제 정성 연구 사례와 이해관계자와의 소통법을 구체적으로 다루며, 전체 워크플로를 대리 경험할 수 있도록 돕습니다. 이 점이 방법론만을 열거한 다른 UX 리서치 서적과 가장 차별화되는 점이자 인상 깊은 이유입니다. 따라서 실무자뿐만 아니라 UX 리서처를 꿈꾸는 이들 모두에게 유용한 책이 될 것입니다. 빅테크를 경험한 선배의 농축된 고견을 접할 수 있는 흔치 않은 기회를 놓치지 않기를 바랍니다.

_이지영, 마인씨드 UX 디자이너

정성 연구에 대한 의심을 종결시키는 책입니다. 인류학도로서 정성 연구의 가치를 어렴풋이 알고 있던 저에게, 이 책은 UX 리서처로서 도약할 자신감을 불어넣었습니다. 정성 연구의 구체적인 가이드라인과 롤플레잉 그리고 면접 질문에 대한 힌트까지 제공합니다. 머지않아 가게 될 면접을 앞두고 한 권의 책만 읽을 시간이 주어진다면 주저 없이 이 책을 펼칠 것입니다.

_이해빈, UX 리서처 취업준비생

실무에 첫발을 내딛는 정성 UX 리서처에게 꼭 필요한 책입니다. 정성 연구의 기본 개념부터 실전 노하우까지 풍부한 사례와 함께 설명합니다. 특히 이해관계자를 설득하는 방법에 대한 명쾌한 조언은 엄밀하면서도 애자일하며 가성비 높은 리서치를 수행하는 데 큰 도움이 될 것입니다.

_정인찬, 당근 UX 리서처

이 책은 UX 리서치의 기초 개념뿐만 아니라 현업에서 마주하는 다양한 문제 상황을 생생하게 묘사하여 실질적인 통찰을 제공합니다. 특히 미국 테크 기업의 실무 예시는 이 책의 매력 포인트로, 주니어 UX 디자이너로서 유저의 진짜 문제를 찾고 해결하기 위한 모든 단계를 함께 고민하게 합니다. UX 디자이너를 비롯해 UX에 대해 고민하고 있는 실무자들에게 이 책을 추천합니다.

_조예진, 네이버 UX 디자이너

이 책에는 저자의 실무 경험에서 우러나온 조언이 생생하게 담겨 있습니다. 이 책을 통해 이해관계자와 효과적으로 협업하고 리서처의 영향력을 발휘하는 방법을 알 수 있고, 리서치 과정에서 마주치는 의문에 대한 답을 찾을 수 있습니다. 시간과 비용이라는 제약에 가로막혀 UX 리서치를 시작할 엄두를 못 내고 있는 기획자, 디자이너, 개발자에게 일독을 권합니다.

_**현윤아,** 현대자동차 UX 리서처

성숙한 UX 리서처가 되는 방법을 고민할 때마다 기본으로 돌아가게 됩니다. 이 책은 신뢰받는 정성 UX 리서처가 되기 위해 무엇을 어떻게 해야 하는지를 친절하게 안내합니다. 특히 저자의 빅테크 업계 리서치 사례를 통해 노하우를 쉽고 명확하게 전달합니다. 리서치의 본질이 궁금한 분들부터 어떤 리서처로 성장해야 할지 고민하는 모든 이에게 이 책을 추천합니다.

_**홍승윤,** 여기어때 UX 리서처

이 책에 대하여

이 책은 정성 연구의 이론적 배경과 실무 적용 방법을 안내하는 종합 가이드입니다. 정성 연구의 기본 개념을 바탕으로 실무에서 정성 연구의 핵심 스킬을 어떻게 활용할 수 있는지 보여줍니다. 특히 연구의 모든 단계에서 이해관계자들과 지속적으로 협력하는 구체적인 전략을 제시하며, 그들이 연구 과정에 자연스럽게 참여하고 인사이트를 내재화하여 리서처의 직접적인 설득 없이도 자발적으로 결과를 이해할 수 있도록 돕는 방안을 안내합니다.

또한 미국 테크 기업의 UX 리서치 실무 사례와 케이스 스터디, 현장에서 직면하는 문제를 해결하는 데 도움이 되는 실질적인 Q&A를 제공합니다. 이와 함께 설문 조사, 사용성 테스트, 심층 인터뷰와 같은 UX 리서치의 주요 방법론을 효과적으로 활용하는 팁과 신뢰받는 리서처로 성장하기 위한 조언도 함께 담고 있습니다.

대상 독자
- 정성 연구를 하고 있지만 확신이 부족한 주니어 UX 리서처
- 리서치 결과를 의심하는 타 직군 동료를 설득하는 방법이 궁금한 UX 리서처
- 정성 연구에 대한 이해나 정성 데이터 분석 경험이 없는 UX 디자이너
- 정성 데이터를 연구 및 제품에 어떻게 반영해야 할지 고민하는 프로덕트 매니저

이 책의 구성

- **PART 1 UX 리서치와 정성 연구**

  UX 리서치의 정의와 이 분야의 성장에 대해 다룹니다.

- **PART 2 정성 연구, 꼭 해야 할까?**

  정량 연구와 정성 연구의 차이를 비교하고 정성 연구만의 장점, 정성 연구의
  힘을 제대로 발휘하는 전략 및 대표적인 정성 연구 방법론을 소개합니다.

- **PART 3 설득을 위한 정성 연구의 시작**

  정성 연구의 기본이 되는 리서치 패러다임과 신뢰성을 확보하는 방법을 설명
  합니다. UX 리서처의 역할과 이해관계자와의 소통 전략을 다룹니다.

- **PART 4 정성 데이터, 이렇게 수집하면 된다**

  정성 연구의 핵심 기술인 잘 읽고, 잘 묻고, 잘 듣는 방법을 다룹니다.

- **PART 5 강력한 신뢰를 얻는 분석 전략**

  정성 데이터의 분석 방법과 신뢰성 확보 전략을 구체적으로 제시합니다.

- **PART 6 연구 보고, 어떻게 설득력을 높일까?**

  설득력 있는 리서치 결과 보고를 위한 올바른 자세와 핵심 요소를 다룹니다.

- **PART 7 설문 조사, 사용성 테스트, 심층 인터뷰 어디까지 해봤니?**

  설문 조사, 사용성 테스트, 심층 인터뷰의 방법론 및 다양한 응용 방법을 소개
  합니다. 방법론별 구체적인 적용 사례를 통해 이해를 돕습니다.

- **PART 8 케이스 스터디 – 리얼북**

  가상 웹소설 앱 '리얼북'을 사례로 실제 연구 과정과 결과를 상세히 설명합
  니다.

- **PART 9 실력 있는 UX 리서처로 성장하는 방법**

  효율적인 업무를 위한 시간 및 에너지 관리 방법을 제시합니다. 리서치 로드
  맵 작성과 피드백 기술을 통해 UX 리서처로서 성장을 돕는 팁을 안내합니다.

송라영

대학교 3학년 때 처음 접한 정성 연구에 매료된 후, 한국과 미국 학계에서 10년 이상 정성 연구를 수행했습니다. 박봉으로 유명한 미국 학계에서 정성 연구만으로는 생계를 유지하기 어렵다는 점을 깨닫고 미국 연방 정부 기관에 취직했으나 '연구하지 않고는 살 수 없다'는 생각에 UX 리서치에 입문했고, 늦은 시작에도 불구하고 학계에서 쌓아온 정성 리서처로서의 경험 덕분에 빠르게 성장하며 이름을 알렸습니다.

페이팔과 메타에서 UX 리서처로 일하며 전 세계 유저들의 행동 패턴과 문화적 차이에 대한 깊은 이해를 바탕으로 성공적인 제품 개선을 이끌어냈습니다. 특히 메타에서는 첫 한국 상주 UX 리서처로서 미국의 유저 중심 프로덕트 개발 문화를 혁신하고, 아시아 시장에 독창적인 인사이트를 제공하는 데 기여했습니다. 이후 Song Insights Lab을 창립해 여러 스타트업에 연구 컨설팅과 교육을 제공하며 한국과 북미의 사용자 경험을 연결하는 가교 역할을 해왔습니다. 또한 한국외국어대학교에서 상담·UX심리 융합전공의 커리큘럼 개발 자문과 UX 리서치 개론, 정성 UX 연구 방법론 강의를 진행했습니다.

현재는 이벤트 관리와 마케팅을 위한 엔터프라이즈 소프트웨어 솔루션을 제공하는 글로벌 기업 Cvent에서 UX 리서처로 일하며, 이벤트 플래너와 참여자를 위한 사용자 경험 개선에 주력하고 있습니다. 이외에도 UX 리서치 관련 강연과 자문을 통해 업계에 새로운 통찰을 제시하고 있습니다.

현) Cvent 시니어 유저 리서처
전) Song Insight Lab 대표/수석 리서처
전) 메타 첫 한국 상주 UX 리서처
전) 페이팔 UX 리서처
전) 미국 국방부 국방 언어학교 해외 프로그램 매니저
매사추세츠 대학교 애머스트 교육학/응용 언어학 박사

반쪽짜리 데이터 중심의 현실

오늘날 대부분의 조직은 데이터 기반data-driven으로 의사결정을 합니다. 데이터를 추적할 수 있는 시스템을 구축하고 쌓인 지표를 분석해 그에 맞는 가장 합리적인 결정을 내리죠. 그런데도 여전히 만족스럽지 않은 결과 때문에 '왜 사람들이 우리 서비스를 더 이상 사용하지 않을까?', '왜 우리가 새로 만든 기능을 쓰지 않을까?', '왜 우리 사이트의 방문자 수가 감소했을까?'와 같은 의문이 생깁니다.

왜 데이터를 바탕으로 결정하는데도 이런 불확실성이 남아 있을까요? 그 이유는 우리가 분석하는 데이터가 '하나의 종류'에 집중되어 있기 때문입니다. 대부분의 회사는 일일 방문자 수, 주간·일간·월간 활성 유저 수, 유지율, 이탈률, 구매율, 고객 만족도 점수, 추천지수와 같은 지표를 봅니다. 이 지표들의 공통점은 무엇일까요? 모두 숫자, 즉 '정량 데이터'라는 점입니다.

그렇다면 우리가 놓치고 있는 데이터는 무엇일까요? 그것은 바로 유저의 경험과 감정을 말이나 글로 표현한 '정성 데이터'입니다. 이러한 정성 데이터를 분석하는 것을 '정성 연구'라고 합니다.

정성 데이터는 정량 데이터처럼 명확하게 이해하고 분석하기 어렵고 유저의 경험과 감정을 담고 있어 분석하는 사람의 주관에 따라 해석하는 방향이 달라질 수 있습니다. 그래서 UX 리서처, UX 디자이너, 프로덕트 매니저처럼 데이터에 기반해 의사결정을 내리는 사람들은 숫자처럼 딱 떨어지지 않는 정성 데이터에 다음과 같이 자주 난감함을 표현합니다.

> "모두 다 다른 이야기를 하는데, 이게 정말 데이터가 될 수 있나요?"
> "경험이나 감정 같은 '주관적인 데이터'를 어떻게 믿을 수 있죠?"
> "제가 정말 잘 보고 잘 들었는지 확신이 없어요."

그렇다고 정성 연구를 하지 않는다면 우리 주변에 공기처럼 존재하는 수많은 말과 글로 이루어진 데이터를 놓치게 될 것입니다. 또한 사용자 경험과 감정에서 비롯된 불확실성을 해결할 기회도 잃게 되겠지요.

그렇다면 복잡하고 추상적인 정성 연구를 어떻게 효과적으로 할 수 있을까요? 이 질문에 대답하고자 이 책을 썼습니다. 이 책을 통해 '정성 연구는 믿기 어렵다'라는 오해를 풀고, 정성 연구를 깊이 이해하여 정성 데이터를 더욱 설득력 있게 분석하고 활용할 수 있기를 바랍니다.

용어 가이드

UX 리서치 사용자 경험^{user experience} 연구. 유저가 제품을 사용하면서 겪는 모든 경험을 체계적으로 탐구하는 것을 뜻합니다. 알고자 하는 구체적인 연구 질문을 통해 유저의 제품 사용 맥락, 제품 사용 이유, 사용하면서 겪는 문제점 등을 발견하고 이를 기반으로 제품을 개발 또는 개선합니다. 비슷한 의미로 유저 리서치^{user research}라는 용어를 쓰기도 합니다. 일부 리서처들은 'UX 리서치'는 사용자 경험을 개선하는 데 초점을 맞춘 연구고 '유저 리서치'는 유저 전반에 대한 이해를 목표로 하는 광범위한 연구라고 주장하기도 하지만, 현업에서는 UX 리서치와 유저 리서치가 혼용됩니다. 따라서 이 책에서도 사용자 연구, 유저 리서치 등을 통칭하는 용어로 'UX 리서치'를 사용합니다.

UX 리서처 사용자 경험을 체계적으로 탐구하는 전문가로서, 사용자 행동 및 의견을 이해하고 제품 또는 서비스를 개선하기 위한 연구를 수행하는 사람을 가리킵니다. 이 책에서는 유저 연구자, 유저 리서처 등을 모두 통칭하는 용어로 'UX 리서처'를 사용합니다.

정성 연구 주관적 데이터와 감각적 평가를 기반으로 하는 연구를 말합니다. 주로 행동, 감정, 태도, 인식 등을 이해하고 설명하는 데 사용합니다. 학계에서는 '질적 연구' 또는 '퀄^{qual}', 산업에서는 '정성 연구'라고 표현합니다. 이 책에서는 정성 UX 리서치, 정성 UX 연구 등을 '정성 연구'로 통칭합니다.

정량 연구 데이터를 숫자로 수집하고 분석하여 패턴 및 관계를 파악하는 연구를 말합니다. 통계 및 계량적 분석을 중요시합니다. 학계에서는 '양적 연구' 또는 '퀀트quant'라고 불립니다.

유저 제품이나 서비스를 실제로 사용하는 사람을 뜻하며, UX 리서치의 핵심 대상입니다. 유저의 니즈와 행동을 이해하는 것이 제품이나 서비스의 개선 방향을 결정하는 데 중요한 역할을 합니다. 한국의 UX 리서치 필드에서 '유저'와 '사용자'는 대부분 같은 의미로 사용되며 서로 대체될 수 있습니다. 이 책에서는 '사용자 경험', '사용자 행동'과 같이 고정된 표현이 아닌 경우 모두 '유저'를 사용합니다.

참여자 UX 리서치나 사용성 테스트와 같은 연구 과정에 직접 참여하여 피드백이나 데이터를 제공하는 사람들을 의미합니다. 참여자가 연구에 필요한 사용자 행동이나 의견을 제공하면 UX 리서처는 이러한 의견을 바탕으로 인사이트를 도출합니다.

정성 데이터 주관적이고 비정형적인 정보를 포함하는 데이터를 말합니다. 주로 언어, 행동, 감정, 의견 등을 담고 있어 풍부한 맥락과 복잡한 정보를 제공하며 해석 중심의 분석으로 이해합니다. '질적 데이터' 또는 '퀄 데이터'라고 불리기도 합니다.

리서치 패러다임 리서처가 지식과 현실을 어떻게 이해하고 접근하는지에 대한 기본적인 철학적 틀을 의미합니다. 이 틀은 존재론과 인식론을 포함합니다. 각 패러다임은 리서처가 세상을 바라보고 데이터를 해석하는 방식을 크게 좌우하며, 연구 수행 방식에 대한 전반적인 지침을 제시합니다.

존재론 존재와 실재의 본질에 대해 탐구하는 철학적 학문으로 '무엇이 존재하는가?', '현실은 무엇인가?'에 대한 질문을 다룹니다.

인식론 지식과 지각에 대한 철학적 연구로, 인간의 인식과 인식 프로세스를 이해하고 설명하는 데 중점을 둡니다. 즉 '현실은 어떻게 알 수 있는가?'에 대한 질문을 다룹니다.

실증주의 경험적 관찰과 과학적 방법을 통해 객관적이고 검증 가능한 지식을 얻는 철학적 접근법을 말합니다. 실증주의 리서치 패러다임에서는 연구 결과를 객관적으로 입증하려고 노력하며 이론적 가설을 검증하는 방법을 채택합니다. 이는 정량 연구의 기본이 됩니다.

구성주의/해석주의 인간의 행동과 사회적 현상을 주관적 의미로 이해하려는 접근법입니다. 구성주의/해석주의는 리서처의 주관적 해석과 해석의 다양성에 주목하는 리서치 패러다임으로 정성 연구의 기본이 됩니다.

귀납적 분석 특정 사례나 관찰을 토대로 일반적인 결론을 도출하는 연구 방법을 말합니다. 일반화를 위해 개별적인 사례나 증거를 활용합니다.

연역적 분석 일반적인 원리나 법칙을 기반으로 특정 사례나 결과를 설명하거나 예측하는 연구 방법을 말합니다. 논리적 추론을 사용합니다.

탐색적 연구 제품의 여러 기능과 단계를 어우르거나 현재 제품으로 아직 해결되지 않은 유저들의 니즈와 행동을 파악하여 장기적인 제품 전략이나 개발 로드맵의 방향에 영향을 미치는 연구입니다. 유저의 니즈와 행동을 좀 더 근본적으로 이해해서 장기적인 제품 전략에 영향을 미치는 연구라고 정의할 수 있습니다.

평가적 연구 특정 기능이나 흐름에 대한 유저의 사용자 경험을 평가하여 개선점을 찾고 제품의 완성도를 높이기 위한 연구입니다. 이를 통해 현재 제품의 문제점이나 개선 가능한 부분을 구체적으로 파악하고 단기적인 피드백을 반영하여 제품의 최적화를 목표로 합니다.

이해관계자 프로젝트 진행이나 제품의 성공에 직간접적으로 영향을 받는 개인 또는 그룹을 말합니다. UX 리서처가 주로 함께 일하는 이해관계자는

UX 디자이너, PM, 데이터 사이언티스트, 엔지니어 등이 있으며 이들의 요구나 기대는 리서치 과정에서 중요한 요소로 고려됩니다.

UX 디자이너 사용자 경험을 디자인하는 전문가로서, 유저가 제품 또는 서비스를 쉽게 이해하고 사용할 수 있도록 디자인하는 역할을 수행하는 사람입니다. 현업에서는 프로덕트 디자이너 등으로 다양하게 지칭하지만 이 책에서는 'UX 디자이너'를 사용합니다.

프로덕트 매니저(PM) 제품 또는 서비스를 기획, 개발, 관리하는 역할을 수행하는 전문가로서, 제품의 전반적인 전략과 실행을 주도합니다.

목차

PART 1   UX 리서치와 정성 연구

"정성 연구는 참여자 수가 적어서 신뢰성이 떨어지지 않나요? 고작 5명으로 충분할까요?"

PART 2   정성 연구, 꼭 해야 할까?

"정성 연구는 시간도 오래 걸리고 비효율적이지 않나요?"

PART 3   설득을 위한 정성 연구의 시작

"정성 연구는 결과가 너무 주관적이지 않나요?"

PART 4   정성 데이터, 이렇게 수집하면 된다

"정성 데이터는 모호하고 측정이 불가능하지 않나요?"

PART
1

UX 리서치와
정성 연구

Q.

정성 연구는 참여자 수가 적어서
신뢰성이 떨어지지 않나요?
고작 5명으로 충분할까요?

A.

적은 참여자 수로 연구를 진행하는 이유는 정성 연구의 목표
그리고 깊이와 관련이 있습니다. 정성 연구는 주로 사용자 행동에 관한
생각, 감정, 의견 등을 '깊이' 이해하는 데 중점을 둡니다.
즉, 정성 연구의 목표는 유저가 '왜', '어떤 맥락에서' 특정 행동을 하는지를
이해하는 것이므로 5명만으로도 충분한 인사이트를 얻을 수 있으며 오히려
너무 많은 참여자를 대상으로 하면 깊이 있는 연구가 어려울 수 있습니다.
만약 비슷한 문제가 여러 참여자에게 반복적으로 발생하거나 동일한 피드백이
계속 나온다면, 그것은 중요한 문제일 가능성이 매우 큽니다.
이렇게 정성 연구에서 발견한 패턴이 전체 유저에게 모두 적용되는지
궁금하다면 이 결과를 정량 연구로 검증하는 것도 가능합니다.

UX 리서치의 성장

국내외 테크 기업들이 UX^{user experience} 리서치의 중요성을 깨닫기 시작했습니다. 이제는 대기업뿐 아니라 유니콘 스타트업들도 UX 리서치를 독립된 직군으로 분리해 전문 인재들을 채용하고 있습니다. 그렇다면 UX 리서치란 무엇일까요?

UX 리서치는 유저의 경험을 깊이 있게 분석하여 이를 바탕으로 사용자 경험을 개선하는 체계적인 과정입니다. 더 구체적으로 말하자면 유저의 행동과 그들이 처한 상황을 이해하고 그 맥락 안에서 그들의 목표와 욕구를 파악하며 목표를 달성하는 과정에서 일어나는 문제를 식별하는 과정을 뜻합니다.

UX 리서치는 UX 디자인에서 출발했습니다. UX 디자인은 제품이나 서비스의 전반적인 사용자 경험을 설계하는 과정으로, 앞서 말한 UX 리서치가 반드시 선행되어야 합니다. 오늘날 UX 디자인의 영역은 제품의 기능성과 사용성 향상을 넘어 유저의 정서적 반응

및 제품 사용 전후의 맥락을 이해하는 프로덕트 디자인으로 확장되었습니다. 이에 따라 UX 리서치 범위 또한 크게 확장됩니다. 초기의 UX 리서치는 디자인 피드백과 제품의 기능성 및 사용성 개선에 집중했다면, 이제는 단순한 디자인 피드백을 넘어 유저의 니즈와 기대를 파악해 전체적인 사용자 경험을 향상하는 데 핵심적인 역할을 하게 된 것입니다.

이에 따라 UX 리서처의 역할도 사용자 경험을 표면적으로 이해하는 것에 그치지 않고 그들이 처한 상황과 그 안에서 발생하는 문제를 파악하고, 그 경험의 이면에 숨겨진 동기와 감정을 탐구하는 것으로 확장되었습니다. 이때 '정성 연구'는 UX 리서처가 유저와 깊이 있는 리서치를 통해 인사이트를 얻는 데 핵심 역할을 합니다.

따라서 정성 연구에 대한 깊은 이해는 UX 리서처에게 필수로 요구되는 능력입니다. 표면적인 수치만으로는 문제의 본질을 파악하기 어렵기 때문입니다. UX 리서처가 정성 연구의 스킬을 잘 활용하면 유저의 미묘한 감정이나 복잡한 의사결정 과정을 탐구할 수 있어 더 나은 사용자 경험을 디자인하고 개선하는 데 큰 도움이 됩니다.

정성 연구의
정의 및
필요성

정성 연구는 유저의 생각과 감정, 행동을 심층적으로 이해하기 위한 연구 방법입니다. 숫자나 통계가 아닌, 말, 텍스트, 행동 등을 통해 유저의 경험, 동기, 맥락을 해석하고 복잡한 문제를 해석하는데 중점을 둡니다. 주로 인터뷰나 관찰 등을 통해 수집한 데이터를 분석해 패턴을 도출하고 그 안에 담긴 의미를 해석합니다.

정성 연구의 가장 큰 장점은 적은 수의 참여자를 대상으로 한 데이터로도 깊이 있는 인사이트를 도출할 수 있다는 점입니다. 사용자 행동에서 '왜'에 대한 답을 제공함으로써 유저의 욕구와 목표를 파악하고 제품이나 서비스를 최적화하는 데 중요한 역할을 합니다. 특히 제품 개발의 초반 단계나 유저 수가 적을 때 정성 연구를 활용하면 유저의 요구와 기대를 빠르게 파악하여 문제를 미리 발견하고 해결할 수 있습니다. 이러한 초기 발견은 유저의 이탈을 방지하고 나아가 제품 개발 비용을 절감하는 데도 큰 도움이 됩니다.

정성 연구와 정량 연구는 대립적인 관계가 아니라 오히려 상호 보완적입니다. 정량 연구는 유저의 행동 패턴 및 의견을 수치로 분석하는 반면, 정성 연구는 그 행동 뒤에 숨은 동기와 감정을 깊이 탐구하여 사용자 경험의 맥락을 설명해줍니다. 정성 연구를 통해 정량 연구로는 파악하기 어려운 세부적인 인사이트를 얻을 수 있지요. 즉, 정량 연구에서 얻은 통계와 수치 이면에 담긴 유저들의 구체적인 경험을 찾아내는 데 정성 연구가 중요한 역할을 합니다. 반대로 정성 연구로 얻은 인사이트를 더 넓은 유저 그룹에 검증하는 데 정량 연구가 활용될 수도 있습니다. 정성 연구에서 드러난 특정 패턴이나 니즈가 전체 사용자에게 얼마나 보편적으로 나타나는지 확인하고, 이를 정량화된 데이터로 표현하여 비즈니스 의사결정에 도움이 되는 확실한 근거로 사용할 수 있습니다.

미국 테크 기업 UX 리서처의 솔직담백 토크

"

소규모 스타트업에서 UX 리서치를 시작하는 방법은 무엇인가요?

"

리서치 문화가 정립되지 않은 회사라면 일단 최소한의 체계를 갖춘 후에 유저를 직접 만나는 것부터 시작하는 것이 좋습니다. 유저와의 만남이 비용적, 시간적 측면에서 가장 효율적인 방법은 아닙니다. 하지만 이를 통해 유저가 그저 내 머릿속에 존재하는 가상의 존재가 아니라 사회 구성원으로서 개인의 삶을 살아가는 나와 같은 사람이라고 지각하는 것만으로도 유저의 요구와 경험을 이해하는 데 도움이 됩니다.

물론 무작정 유저를 만나는 것은 그리 큰 가치가 없습니다. 정확한 목표도 없이 '일단 일주일에 한 명씩 만나본다'는 식의 프로젝트보다는 꼭 알고 싶은 질문을 준비하고, 최소 4~5명과 집중해서 이야기해보세요. 한 그룹에 속해 있어도 유저마다 다른 점이 있다는 것을 배울 수 있을 것입니다. 이러한 만남을 통한 배움 이후에 유저를 더욱 세분화하고 세그멘팅segmenting[1]하면 그 그룹에게만 적용되는 특정 질문을 준비할 수 있습니다. 또는 업데이트해야 하는 기능이나 디자인이 있다면 그에 대한 사용성 테스트를 실행해볼 수도 있죠.

1
세그멘팅은 전체 데이터를 비슷한 특성에 따라 여러 그룹으로 나누는 과정입니다. 이는 영업, 마케팅, 데이터 분석 등 다양한 분야에서 특정 속성을 가진 그룹을 식별하고 맞춤형 전략을 개발하는 데 사용됩니다. 세그멘팅의 예로는 성별, 나이, 소득 수준 등을 고려한 인구 통계 기반 세그멘팅, 구매 빈도와 브랜드 충성도 등으로 구분한 행동적 세그멘팅, 과거 구매 기록을 바탕으로 한 구매 이력 세그멘팅 등이 있습니다.

"

**유저에게 필요한
새 기능을 검토하는
가장 좋은 접근법이
뭔가요?**

"

먼저 조직 레벨에서 유저에 대한 모든 기존 데이터와 지식을 한데 취합하세요. 이 지식을 PART 7에서 소개할 고객의 여정 지도나 유저 아키타입과 같이 조직에 있는 모든 사람이 쉽게 참고할 수 있는 형태로 모으면 더욱 유용합니다. 특히 사용자 여정 지도를 만들면 전체 여정 중 어느 지점에서 이탈이 발생하는지, 새로운 솔루션이 필요한 시점은 어느 단계인지, 어디서 유저의 불만이나 요청이 일어나는지를 전체적으로 조망해볼 수 있답니다. 나아가 이렇게 모은 기존 데이터와 지식을 추후 실제 유저와의 인터뷰를 통해 업데이트하는 방향이 가장 이상적입니다.

사실 대부분의 회사는 이미 불만 접수 창구나 고객센터 등 유저의 목소리를 수동적으로 수집할 수 있는 시스템을 갖추고 있기 때문에 주의를 기울여야 하는 영역에 대해 어느 정도 인지하고 있을 것입니다. 이 경우에는 무엇을 만들지 알아내는 것보다 무엇을 '먼저' 만들지를 결정하는 것이 더욱 중요합니다. 현재 우리 회사와 개발팀의 역량과 능력, 투자 대비 수익률을 고려하여 가장 필요한 기능이 무엇인지 합의해볼 수 있습니다.

PART 2

정성 연구,
꼭 해야 할까?

Q.

정성 연구는
시간도 오래 걸리고
비효율적이지 않나요?

A.

이 질문에 답하기 전에, 연구 방법론 선택에 관해 이야기해볼까요?
연구를 시작할 때 가장 먼저 고려할 점은 '질문'이 무엇인지,
그 질문에 대한 답을 '어떤 방법'으로 찾을 수 있는지입니다.
질문의 답을 구할 수 없는 방법을 선택하면 시간과 리소스를 낭비하게 되죠.
따라서 첫 단계는 질문을 명확히 하고 그 질문에 답하기 위한 적절한 방법을
추리는 것입니다. 이후 시간과 리소스를 고려해 가장 효율적인 방법을
선택하면 됩니다. 예를 들어 새로 론칭한 기능이 활성화되지 않는다면
'왜 유저들이 새로 론칭한 기능을 쓰지 않는가?'라는 질문이 생깁니다.
이 질문의 답을 찾으려면 유저에게 직접 묻는 것이 가장 빠른 방법이겠지요.
유저들이 새로운 기능을 사용하지 않는 이유에 대한 몇 가지 가설이 있다면
설문 조사가 효과적일 것이고, 전혀 감이 잡히지 않는다면 인터뷰가
더 적합할 것입니다. 정성 연구로도 충분히 답을 찾을 수 있는 상황에서
정성 연구가 비효율적이라고 생각하여 정량 연구로 답을 구하려 한다면,
답은 못 찾고 오히려 더 많은 시간과 리소스를 낭비하게 될 것입니다.

성공적인
정성 연구의 비결,
설득력

정성 데이터로 UX 리서치를 진행해본 사람이라면 이런 고민을 한 번쯤 합니다.

'어떻게 하면 이해관계자들이 내 연구 결과를 믿고 써줄까?'

UX 리서처가 연구를 통해 도출해낸 인사이트가 모두 제품에 반영되지는 않기 때문입니다. 연구 결과가 왜 유효한지, 이를 통해 제품의 성공을 어떻게 보장할 수 있는지가 설득되지 않으면 이해관계자들은 결코 연구 결과를 쉽게 활용하지 않습니다. 이는 전문 UX 리서처뿐만 아니라, UX 디자이너나 프로덕트 매니저(PM)가 업무의 일환으로 UX 리서치를 진행하는 경우에도 마찬가지입니다. 제품 개발 과정은 모든 이해관계자가 함께 참여해야 하기 때문에 연구 결과에 대한 설득 없이는 어떠한 변화도 이끌어낼 수 없습니다.

이해관계자가 연구 자체에 대한 이해가 부족하거나 연구 결과의 타당성을 의심한다면, 애써 진행한 연구가 제품 개선에 활용되지 못할 가능성이 큽니다. 이는 마치 제품이 유저에게 외면당하는 것과 다름없습니다. 그래서 '이 연구로 이해관계자를 설득할 수 있는가?'라는 질문은 UX 리서처가 연구의 모든 과정에서 항상 해야 할 고민입니다.

UX 리서처라면 '설득력 있는' 연구 결과가 얼마나 중요한지 잘 알 겁니다. 설득력 부족으로 인해 이해관계자의 관심이나 지지를 얻지 못하는 상황은 숙련되고 유능한 리서처라도 빈번히 겪는 일이니까요. 따라서 연구 과정에서 어떤 결정을 내릴지, 이 결정이 왜 가장 타당한지, 왜 우리의 연구 결과가 신빙성이 있는지 등을 보여주고 이를 바탕으로 상대방을 설득하는 일은 UX 리서치에 당연히 포함되어야 하는 과정입니다. 이는 리서처로서 우리의 존재 이유를 공고히 다지는 기반이 됩니다.

하지만 정성 연구는 설득력을 얻기가 매우 까다롭습니다. 정량 연구와는 다르게 참여자, 리서처 등 다양한 사람들의 '주관'이 개입되기 때문입니다. 그래서 많은 리서처가 정성 연구를 할 때 어려움에 부딪힙니다. '내가 제대로 보고, 묻고, 분석하고 있는 건가?' 이렇게 연구 도중에 확신이 없어지는 순간도 자주 찾아옵니다. 그리고 내 연구에 자신이 없으면 도출한 인사이트를 전달하기도 어려워집니다. 또 한편으로는 엄격하고 완벽하게 연구해야겠다는 생각에 사로잡혀 이해관계자가 충분히 납득할 수 있도록 설명하거나 설득하는 일이 뒷전으로 밀리기도 합니다. 그러면 결국 이해관계자에게 이런 질문을 듣게 됩니다.

"이 결과가 정말 객관적인가요?"

그렇다면 어떻게 이해관계자에게 내 연구 결과를 납득시킬 수 있을까요? 또 어떻게 해야 이해관계자가 제품 개발 과정에 내 연구 결과를 잘 녹여내고 활용하게 할 수 있을까요?

첫째, 정성 연구의 근간을 잘 이해하고 그에 맞게 연구를 진행해야 합니다. 둘째, 연구의 전 과정에서 이해관계자가 각 단계를 이해하고 연구 결과에 대한 신뢰를 쌓을 수 있도록 소통하는 시스템을 갖춰야 합니다. 즉, 정성 연구를 제대로 할 수 있는 시스템 그리고 그 과정에서 원활하게 소통하는 시스템이 모두 필요합니다.

다행히 정성 연구 시스템은 이미 학계 학자들에 의해 잘 정리되어 있습니다. 우리는 이 시스템들을 잘 이해하고 이에 기반한 연구를 수행하면 됩니다. 또한 연구 단계에서 내리는 결정을 조율하고 소통하는 시스템을 만들어야 합니다. 지금부터 정성 연구의 기본을 익히고, 이를 연구에 어떻게 적용하고 진행하는지 알아보겠습니다. 또한 그 과정에서 소통하는 방법과 전체적인 연구 구조를 어떻게 세울지에 대해서도 살펴보겠습니다.

정량 연구와
정성 연구,
뭐가 다를까

정량 연구와 정성 연구는 무엇이 다를까요? 간단하게 말하자면 정량 연구와 정성 연구는 어떤 종류의 데이터를 다루는지에 따라 구분됩니다. 정량 연구는 숫자, 정성 연구는 문자 데이터를 이용한 연구입니다. 하지만 더 깊이 있게 이해하기 위해서는 정량 연구와 정성 연구의 세계관을 들여다봐야 합니다. 숫자와 문자라는 데이터를 귀하게 수집하고 철저히 분석하는 이유가 있을 테니까요.

우리는 '세상을 설명할 수 있다'고 믿는 데이터를 모읍니다. 정량 연구는 숫자를 통해 세상을 설명하고 현상을 표현할 수 있다고 가정합니다. 다양한 숫자와의 관계로 무엇이 어디에 어떻게 영향을 미치는지 설명하고, A라는 행동이 어떤 결과를 가져올지 예상하기도 합니다.

한편 정성 연구는 말과 글을 통해 세상을 설명할 수 있다고 가정합니다. 그런데 말과 글은 사람의 주관이 포함된 복합적인 산물입니다. 사람은 말과 글로 자신의 생각과 경험을 기록하고 자신의 감정을 표현하니까요. 당연히 숫자처럼 딱 떨어질 수도, 객관적일 수도 없습니다.

그렇다면 정성 연구가 정량 연구보다 믿기 어려울까요? 답은 케이스 바이 케이스case by case입니다. 가령 특정 제품을 얼마나 팔았는지, 판매량이 얼마나 늘었는지, 무엇이 판매량에 영향을 미쳤는지를 알고 싶다면 정량 연구를 해야겠죠. 하지만 구매율, 월별 유저 수와 같은 숫자는 결국 사람의 '행동'과 '감정'에서 비롯됩니다. 즉, 주체의 경험과 감정을 이해한다면 당연히 그 주체가 만들어내는 수치를 더욱 잘 이해할 수 있습니다. 따라서 행동의 주체, 즉 유저의 동기, 감정, 행동 맥락 등을 파악하고자 한다면 정량 연구로는 부족합니다.

예를 들어 성능과 가격대가 비슷한 A와 B 제품이 있다고 가정해봅시다. 정량 연구를 활용한다면 어떤 유저 그룹에서 어떤 제품이 더 잘 팔리는지를 알 수 있습니다. 하지만 구매자가 B가 아닌 A를 선택한 '이유'를 알고 싶다면 어떨까요? 유저에게 A를 고르기까지 어떤 의사결정 과정을 거쳤는지, 결정적인 이유는 무엇인지 직접 묻고 그 과정을 관찰해야 숫자만으로는 알 수 없는 더 많은 인사이트를 얻을 수 있습니다. 이것이 정성 연구의 목적입니다. 다양한 수치 간 관계를 통해 유저 행동의 이유를 유추하는 대신, 유저의 생각이 담긴 말과 행동에서 선택의 이유를 정확하게 파악할 수 있습니다.

하지만 실제로 유저에게 진실된 답을 듣는 것은 쉬운 일이 아닙니다. UX 분야의 저명 인사들도 "사용자를 믿지 마세요"라고 말하곤 합니다. 왜 그럴까요? 인터뷰 또한 리서처와 참여자 간의 상호 작용이기 때문입니다. 그리고 사람과 사람이 상호 작용할 때는 사회적, 문화적, 정치적 맥락이 끊임없이 끼어듭니다. 그래서 좋은 답변을 듣기 위해서는 많은 훈련이 필요합니다. 참여자가 진실되게 말할 수 있는 환경인지 확인하고, 편안하게 자신의 이야기를 나눌 수 있도록 라포르rapport[1]를 쌓고, 참여자의 말을 엄격하게 분석해야 합니다.

'이렇게 까다롭고 제대로 하긴 더 어려운 연구 방법인데 꼭 해야 하나'라는 생각이 들지도 모르겠습니다. 하지만 정성 연구의 힘을 제대로 이해하고 이를 잘 활용할 수 있다면 그 이상의 인사이트를 도출할 수 있으므로 절대 정성 연구를 스킵할 수 없을 겁니다.

---

1 리서처와 연구 참여자 간 신뢰가 형성된 친밀한 관계를 의미합니다. 라포르는 연구 참여자가 자신의 생각을 편안하고 솔직하게 이야기할 수 있도록 돕는 중요한 요소로, 이를 통해 연구의 질을 높이고 깊이 있는 데이터를 얻을 수 있습니다.

UX 리서치 방법론의 8할, 정성 연구

정성 연구가 왜 중요한지 이야기하기 전에 UX 리서치에 가장 잘 쓰이는 몇 가지 방법론을 살펴볼까요? 현업에서 자주 쓰는 방법론으로는 다음 네 가지를 꼽을 수 있습니다.

- 사용성 테스트(usability test)
- 심층 인터뷰(in-depth interview)
- 설문 조사(survey)
- 에스노그라피(ethnography)

이렇게 유저의 심층적인 의견과 감정을 이해하는 연구 방법은 모두 정성 연구에 근간을 두고 있으며 이는 UX 리서치에 핵심적인 역할을 합니다. 정성 연구를 기반으로 한 연구 방법들은 사용자 경험의 정성적 측면을 탐구하고 문제를 이해하며 해결책을 도출하는 데 필수입니다. 그럼 이 방법론들의 정의를 간단히 살펴봅시다.

사용성 테스트^{usability test}는 주로 제품 또는 인터페이스 디자인의 개선을 위해 사용됩니다. 사용성 테스트를 통해 유저들이 실제로 제품을 어떻게 사용하는지 확인하고 문제점을 식별하여 개선할 수 있습니다. 유저 중심 설계 및 경험 개선에 탁월한 방법으로, 실제 유저의 피드백을 반영하여 제품을 최적화합니다. 특히 새로운 기능 출시를 위한 사용성 검증 시 유용합니다.

심층 인터뷰^{in-depth interview}(IDI)는 유저의 관점을 심층적으로 이해하고자 할 때 사용됩니다. 사용자 경험, 요구 사항, 가치관을 자세히 파악해 제품 개선을 위한 인사이트를 제공합니다. 감정적인 측면이나 복잡한 사용자 행동을 이해하는 데 도움을 주며 디자인 결정에 근거를 마련합니다.

설문 조사^{survey}는 대규모 데이터 수집과 다양한 의견을 수집하기 위해 사용됩니다. 보다 넓은 유저 그룹의 의견을 파악하고 통계적 분석을 통해 인사이트를 도출합니다. 대중의 의견과 태도를 수량적으로 파악할 수 있어 통계적 유의성을 갖춘 결론을 얻는 데 효과적입니다.

에스노그라피^{ethnography}(참여 관찰)는 유저가 제품 또는 서비스를 실제 환경에서 어떻게 활용하는지 이해하기 위해 사용됩니다. 유저의 일상을 관찰하여 제품 개선에 필요한 정보를 제공합니다. 실제 사용 환경에서 발생하는 문제와 요구 사항을 파악하고 제품의 사용 맥락을 이해하는 데 도움을 줍니다.

설문 조사를 제외한 나머지 세 가지는 모두 정성 연구에 기반한 방법론입니다(사실 설문 조사도 질문을 만들고 순서를 정하는 단계에서 정성적인 연구 지식이 많이 요구됩니다). 이외에도 로그 데이터를 활용해 정량 데이터를 보기도 하지만, 정량 데이터는 데이터 애널리스트나 마케터, PM 등 다양한 직군이 함께 참여하는 영역이므로 통상적으로 UX 리서처가 적극적으로 오너십을 가지는 영역은 단연 정성 방법론을 근간으로 두는 이 네 가지 방법론입니다. 즉, UX 리서치의 8할은 정성 연구로 확인할 수 있습니다.

이외에도 정성 연구 방법론은 무궁무진합니다. 그러나 그 방법론들이 어떻게 생겨났는지 이론적 기반을 다지고, 모든 정성 방법론의 기본이 되는 핵심 스킬만 알고 있으면 다른 모든 방법론에 적용 가능합니다. 정성 연구의 이론적 기반은 PART 3에서, 핵심적인 스킬은 PART 4에서 더욱 자세히 다루겠습니다.

돈 아끼는 비밀, 정성 연구에 있다?

정성 연구의 가장 큰 장점은 적은 참여자 수로 깊이 있는 데이터를 얻을 수 있다는 것입니다. 참 재미있죠. 정성 연구를 하는 사람이라면 "고작 5명이 한 말을 어떻게 믿을 수 있나요?"라는 말을 한 번쯤은 들어보셨을 텐데요. 정성 연구의 취약점으로도 여겨지는 '적은 참여자 수'는 사실 정성 연구의 장점입니다. 적은 수의 참여자만으로도 깊이 있는 인사이트를 얻을 수 있다는 것은 다양한 제품 개발 단계에서 정성 연구를 통해 유저를 빠르게 파악할 수 있다는 장점으로 연결됩니다. 적게는 대여섯 명의 유저를 통해 긴밀한 정성 연구를 하다 보면, 어디에서 이탈률이 발생할지, 어느 부분에서 불편을 느껴 고객센터에 연락할지를 미리 파악함으로써 불필요한 비용이 생길 만한 지점을 사전에 발견할 수 있습니다.

그런데 돈을 제대로 아낄 수 있는 정성 연구 방법은 따로 있습니다. 이 이야기를 하기 전에 제품 개발 단계에 따른 UX 리서치의 종류에 대해 잠시 살펴봅시다.

다음은 미국 증권 투자 플랫폼 피델리티^{Fidelity}의 UX 리서치 분야 수석 부사장인 젠 카델로^{Jen Cardello}가 「How our product design framework guides research」라는 아티클에 수록한 프레임워크의 이미지입니다.

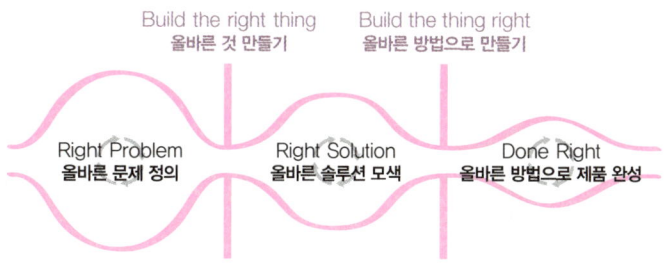

피델리티의 디자인 프레임워크와 리서치 종류(출처: 젠 카델로의 미디엄 블로그)

카델로는 제품 디자인의 프레임워크를 총 세 단계로 구분했습니다. 그리고 각 단계에서 목표에 맞는 UX 연구를 하도록 표준화하였습니다.

- **1단계 올바른 문제 정의**: 유저가 정말로 '문제'라고 생각하는 문제를 정확히 파악한다.
- **2단계 올바른 솔루션 모색**: 문제를 가장 잘 해결할 수 있는 올바른 해결책을 모색한다.
- **3단계 올바른 방법으로 제품 완성**: 사용성 등을 고려해 올바른 방법으로 제품을 완성한다.

이 디자인 프레임워크를 따라 UX 리서치를 진행하면 각 단계에서 필요한 답을 찾을 수 있습니다. 먼저 유저가 진정으로 문제라고 느끼는 핵심을 파악해 '올바른 문제'를 정의할 수 있고(1단계), 그다음 올바른 문제를 효과적으로 해결할 수 있는 '올바른 솔루션'을 찾을 수 있습니다(2단계). 그리고 그 올바른 솔루션을 유저가 잘 사용할 수 있도록 '올바른 방법'으로 제품을 완성합니다(3단계). 단계별 목표가 다르기 때문에 단계마다 수행하는 연구 방법이 달라집니다. 실제 피델리티에서도 각 단계에 맞는 다양한 UX 리서치 방법론을 사용하고 있습니다.

다음은 카델로가 제시한 각 단계에서 목표를 달성하기 위해 답해야 하는 질문들입니다.

1단계 '올바른 문제 정의'에서 답해야 할 질문

- 사람들이 우리의 제품/서비스를 어떤 목적을 위해 사용하는가?
- 고객 및 잠재 고객의 충족되지 않은 니즈는 무엇인가?
- 사람들이 특정 프로세스에 어떻게 접근하는가? 이 과정에서 어려움을 겪는 지점은 어디이며 우리는 어떻게 그 부담을 줄일 수 있는가?
- 기존의 워크플로/기능/페이지가 왜 원하는 사용자 행동 및 결과를 이끌어 내지 못하는가?

2단계 '올바른 솔루션 모색'에서 답해야 할 질문

- 사람들이 워크플로/기능에서 가치를 느끼는가?
- 사람들이 워크플로/기능을 사용할 것인가?
- 사람들이 이 솔루션을 통해 니즈를 해결한다고 생각하는가?

정성 연구, 꼭 해야 할까?

3단계 '올바른 방법으로 제품 완성'에서 답해야 할 질문

- 이 워크플로/기능이 효과적/효율적이고, 만족스러우며, 즐거운가?
- 이를 그렇게 만들기 위해 우리는 무엇을 변경할 수 있는가?

이 질문들을 살펴보면 대부분 질문에 대한 답은 정성적으로 해결해야 한다는 것을 알 수 있습니다. '왜' 혹은 '어떤 목적을 위해' 같은 질문이나 유저의 '생각과 가치' 등을 이해하는 것은 정성 연구가 필요한 영역이기 때문입니다. 특히 1단계(올바른 문제 정의)와 2단계(올바른 솔루션 모색)에서는 제품이나 기능이 아직 구축되지 않은 상태에서 연구를 진행하는 경우가 많습니다. 이때는 제품 출시 이전이라 실제 유저가 존재하지 않으므로 로그 데이터 등 빠른 피드백이 가능한 정량 데이터 또한 없습니다.

이때 단순히 '감'으로 제품 개발을 시작하기보다 타깃 유저 그룹과 반복적인 정성 연구를 통해 불확실한 요소를 제거하다 보면 유저의 니즈에 맞지 않는 제품을 만들 가능성을 줄일 수 있습니다. 니즈에 부합하지 않는 제품을 만드는 것은 엄청난 시간과 비용을 낭비하는 일이므로 비교적 적은 비용이 드는 정성 연구로 확실성을 더해 나가면 큰 비용을 절약할 수 있습니다. 또한 정성 연구는 적은 참여자 수로 깊이 있는 데이터를 얻을 수 있기 때문에 유저베이스userbase[2]가 많이 모이기 전 또는 아직 출시가 되기 이전 단계(1단계 또는 2단계)의 제품이나 기능을 실험할 때 강력한 힘을 발휘합

---

2 특정 제품이나 서비스를 사용하는 전체 유저 그룹을 의미합니다. 이들은 제품의 성공과 성장을 평가하는 데 중요한 역할을 합니다.

니다.

실제로 미국의 빅테크 신제품 개발 조직에서는 하나의 아이디어를 제품으로 만드는 과정에서 정성 연구를 반복하며 불확실성을 줄여나갑니다. 이를 통해 고객에게 가장 큰 어려움을 주는 문제가 무엇인지, 가장 필요한 니즈가 무엇인지, 어떤 문제를 가장 먼저 해결해야 하는지, 지금 개발하려는 기능의 문제가 무엇인지를 파악할 수 있기 때문입니다.

그럼 다시 돈 이야기로 돌아가볼까요? 혹시 소프트웨어를 서비스로 제공하는 회사software as a service(SaaS)에서 지출하는 가장 큰 비용이 무엇인지 아시나요? 바로 인건비입니다. 미국 빅테크 기업에서는 우수 인력을 유치하기 위해 매력적인 복지와 혜택을 제공하는데 그중에서도 개발자 직군에 가장 큰 비용을 씁니다. 개발자는 가장 비싼 인력이기도 하지만 가장 많이 필요한 인력이기도 합니다. 하나의 온라인 프로덕트를 개발할 때 투입되는 개발자 수는 다른 직군에 비해 현저히 많은 편입니다.

실제로 글로벌 빅테크에서는 개발자의 수에 비례하여 다른 직군을 선발합니다. 예를 들어 개발자 10명당 PM 1명, UX 디자이너 2명, UX 리서처 1명 이런 식으로 말이죠. 이는 제품 개발 과정이 개발자 중심으로 이루어진다는 것을 의미하는데요. 다르게 말하자면 개발자가 효율적으로 일할 수 있는 환경을 만드는 것이 비용 절감에 가장 효과적이라는 뜻이기도 합니다.

정성 연구, 꼭 해야 할까?

루프패널Looppanel이라는 리서치 분석 툴 제작 회사에서 UX 리서치의 투자 대비 수익률return on investment(ROI)을 쉽게 계산할 수 있도록 계산식을 세운 다음 스프레드시트를 활용해 계산기를 만들었습니다.[3] 이 계산기는 잘못된 기능이나 제품을 만들었을 때 드는 비용과 UX 리서치에 드는 비용을 계산한 다음 투자 대비 수익률을 구할 수 있도록 계산식이 입력되어 있습니다.

이렇게 제품을 만들 때 드는 최종 비용과 리서치를 할 때 드는 최종 비용을 비교해보면 UX 리서치의 투자 대비 수익률을 계산할 수 있습니다.

3 https://docs.google.com/spreadsheets/d/1taogWWguPARaU9QzdpUP_DWcVelixGTSQJ
   xM54R2Csl/edit?gid=0#gid=0

사실 UX 리서치 과정은 길어야 6주, 짧으면 1주 정도 소요됩니다. 하지만 하나의 기능을 개발하는 데는 이보다 훨씬 더 오래 걸린다는 점, UX 리서치에 투입되는 인원이 제품이나 기능을 개발할 때 투입되는 인원보다 현저히 적다는 점을 고려하면 실제로 계산기를 두드려보지 않아도 불확실성을 줄이는 연구를 진행함으로써 얼마나 많은 비용을 절감할 수 있는지 실감할 수 있습니다.

빅테크 인사이드

페이팔에서 근무 당시 로그 데이터와 고객의 소리voice of customer (VOC) 데이터를 바탕으로 판매/구매 과정에서 발생하는 분쟁들을 분석한 적이 있습니다. 페이팔에서 말하는 분쟁은 주로 구매한 상품이 배송지에 도착하지 않거나 받은 상품이 설명과 크게 달라서 발생합니다. 그런데 흥미롭게도, '중국 판매자와 미국 구매자 간의 분쟁' 발생률이 다른 조합(미국 판매자-미국 구매자, 미국 판매자-유럽 구매자 등)의 분쟁 발생률에 비해 두 배 가까이 높았습니다. 이를 해결하기 위해 제품 개발팀은 어떤 기능을 개발할지 또 어떤 기능을 우선시할지 의견이 분분했습니다. 제품 개발팀의 가장 강력한 가설은 중국 판매자와 미국 구매자라는 두 그룹 사이 분쟁 원인이 언어 문제라는 것이었습니다. 즉, 번역 기능의 개발이 필요하다는 아이디어가 나왔죠. 이외에도 구매 분쟁 발생 시 상황을 빠르게 파악할 수 있도록 판매자와 구매자가 직접 소통할 수 있는 인앱 메신저[4], 구매 분쟁을 미리 예방할 수 있는 배송 정보 트래커[5] 개발 등 다양한 아이디어가 나왔습니다.

두 그룹 간 문제를 근본적으로 이해하기 위해, 중국 판매자에게 물건을 구매한 후 분쟁 해결을 요청한 미국 구매자와 잦은 구매 분쟁을 경험한 중국 판매자와의 심층 인터뷰를 진행했습니다. 또한 그들의 니즈에 가장 적합한 해결책을 찾고자 앞서 언급한 아이디어를 바탕으로 콘셉트 테스트concept test도 진행했습니다. 이 연구를 통해 제품 개발팀은 놀라운 사실을 알게 됩니다. 중국 판매자는 대부분 영어로 소통이 가능한 직원을 두고 있으며, 매뉴얼대로 응대하기 때문에 의사소통은 큰 문제가 아니었습니다. 미국 구매자들 또한 영어로 소통하는 데는 큰 불편이 없었다고 했죠.

구매자들이 말하는 가장 큰 문제는 바로 항의 메일을 회신하는 데 걸리는 '응답 시간'이었습니다. 대부분 해외 구매는 배송까지 오랜 시간이 걸리기 때문에 구매자는 인내심이 많이 떨어진 상태에서 물건을 받게 됩니다. 그래서 물건에 대한 불편 사항 또는 이슈 내용을 메일로 접수한 뒤 하루 이틀 내에 답을 받지 못하면 바로 페이팔에 문제 해결을 요청한다고 했습니다.

이 정성 연구를 통해 페이팔은 기존에 개발하려고 했던 번역 기능을 중단시켰고, 웹사이트에서 판매자와 구매자가 직접 메시지를 주고받고 그 기록을 회사가 관리할 수 있는 메신저 기능 개발의 우선

---

4 앱이나 웹사이트에서 직접 메시지를 보낼 수 있는 기능을 말합니다. 여기서는 페이팔에서 구매자와 판매자가 서로 메시지를 주고받는 기능을 말합니다.
5 배송 여부 및 배송 상태(발송, 배송지 도착 여부 등)를 확인할 수 있는 기능을 말합니다.

순위를 높였습니다.

여러분은 이 연구가 회사의 비용 절감에 얼마나 큰 기여를 했다고 생각하나요? 유저가 거의 사용하지 않을 번역 기능에 모든 인력을 투자했다면 개발자 10명, PM 2명, 디자이너 2명, 콘텐츠 디자이너 1명으로 구성된 총 15명의 인력이 짧게는 3개월에서 길게는 6개월까지 투입되었을 겁니다. 이들의 시간과 월급만 생각해도, 이 정성 연구가 얼마나 많은 돈과 시간을 아껴주었는지 알 수 있습니다.

"

**정성 연구만으로도
커리어 성장이
가능한가요?
정량 연구도
배워야 할까요?**

"

커리어 성장을 위해 새로운 스킬을 배우는 것은 언제나 좋은 일이지만, 모든 정성 리서처가 반드시 정량 연구 방법을 배워야 한다고 생각하지는 않습니다. 저를 포함한 제 주변의 많은 UX 리서처가 가장 자주 사용하는 리서치 방법은 인터뷰나 정성적 사용성 테스트 같은 정성 연구 방법론입니다. 또한 제가 주니어 리서처들을 만나면서 느낀 점은, 정량 연구 방법의 부족으로 어려움을 겪기보다는 정성 연구를 제대로 수행하지 못하거나 그 과정을 이해관계자에게 명확하게 전달하지 못해서 문제를 겪는 경우가 더 많다는 것입니다.

따라서 커리어 성장을 위해서는 정성 연구를 더 철저하게 수행하고, 그 결과를 이해관계자와 효과적으로 소통하는 능력을 먼저 키우는 것이 중요합니다. 정량적 분석이 필요한 경우에는 기존 데이터를 활용하거나 회사 내 데이터를 다루는 팀과 협력하는 방식으로도 충분히 진행할 수 있습니다. 이후에도 정량 연구의 필요성이 느껴진다면 그때 정량 연구 스킬을 천천히 배워나가는 것도 좋은 전략이 될 것입니다.

“

**유저들과 주기적으로
만나 피드백을 받고
있습니다. 이것이
정성 연구와 어떻게
다른가요?**

”

'유저를 만나서 피드백을 받는 것'과 '정성 연구'의 차이는 과정의 체계성에 있습니다. 리서치는 단순한 피드백 수집이 아니라 체계적으로 정보를 수집하고 분석하는 과정입니다. 만약 여러분이 수행한 피드백 세션에서 특정 유저 그룹을 전략적으로 선정하고, 어떤 연구 질문을 중심으로 진행할지 계획하고, 그 데이터를 반복적으로 분석하여 패턴을 발견하려 했다면 이는 리서치라고 할 수 있습니다.

하지만 한두 명의 유저에게 어떤 기능이 필요한지, 이 기능이 유용한지와 같은 질문을 캐주얼하게 묻는다면 이는 리서치라고 보기 어렵고 깊이 있는 인사이트를 얻기도 쉽지 않습니다. 체계적인 분석을 거치지 않았기 때문에 신뢰할 만한 결과를 기대하기도 힘들죠. 이 책을 통해 체계적으로 데이터를 수집하고 분석하는 방법을 익히면 보다 효과적이고 신뢰할 수 있는 정성 연구를 수행할 수 있을 것입니다.

정성 연구, 꼭 해야 할까?

PART 3

설득을 위한
정성 연구의 시작

**정성 연구는 결과가
너무 주관적이지 않나요?**

정성 연구는 사람들이 경험하고 해석하는 현실을 이해하는 해석주의에
기반합니다. 즉, 많은 사람의 '객관적인' 관점을 파악하는 것이 아니라
특정 유저 그룹의 주관적인 세계관과 그들이 제품이나 서비스를 어떻게
경험하는지 깊이 파악하는 것이 목적입니다. '주관적'이라는 것은 특정 유저
그룹의 개별적인 경험, 생각, 감정 그리고 그들이 세상을 어떻게 이해하는지를
탐구한다는 의미입니다. 이들의 주관적인 관점을 통해 제품이나 서비스를
어떻게 느끼는지, 어떤 문제를 해결하는지를 파악할 수 있습니다.
따라서 연구 결과가 주관적이라는 점은 오히려 목표를 달성했다는 뜻이며,
이러한 주관적인 인사이트가 모이면 해당 유저 그룹에 대한 깊은 이해를
바탕으로 더 나은 사용자 경험을 설계할 수 있습니다.

리서치 패러다임과 정성 연구

정성 연구에 대해 본격적인 이야기를 나누기 전에 정성 연구, 정량 연구와 같은 연구 방법론의 '뿌리'와도 같은 리서치 패러다임 research paradigm에 대해 이야기하겠습니다. 리서치 패러다임이라는 것까지 알아야 하나 싶고, 벌써 책을 덮고 싶은 마음이 들지도 모르겠습니다. 하지만 정성 연구를 하는 사람이라면 한 번쯤 "도대체 어떻게 이해관계자를 설득해야 할지 모르겠다"라고 말하는 결정적인 이유가 바로 정성 연구의 이론적인 배경을 잘 모르기 때문입니다. 이론적 배경을 이해하고 있다면 왜 적은 참여자 수로도 정성 연구가 타당한지, 왜 주관적이게만 느껴지는 정성 연구를 해야 하는지, 어떤 식으로 정성 연구를 디자인하고 진행해야 하는지 제대로 설명할 수 있습니다.

리서치란 자연, 사회에서 일어나는 현상을 탐구하는 것입니다. UX 리서치가 유저의 경험을 탐구하는 일인 것처럼 말이죠. 이렇게 현상과 현실을 탐구하기 위해 선행되어야 하는 것이 있습니다. 바로 '현실은 무엇인가?'와 '현실은 어떻게 알 수 있는가?' 이 두 가지 질문에 대한 답을 정립하는 일입니다. 현실이 무엇이고 그 현실을 어떻게 알 수 있는지를 먼저 정립해야만 무엇을 탐구할지, 어떤 방법으로 탐구할지를 결정할 수 있겠죠. 그리고 이것이 바로 지금부터 이야기할 리서치 패러다임입니다.

첫 번째로 정립해야 하는 질문 '현실reality은 무엇인가?'를 묻는 학문은 철학에서 존재론ontology이라고 하고, 두 번째로 정립해야 하는 질문인 '현실은 어떻게 알 수 있는가?'를 묻는 학문은 인식론epistemology이라고 합니다. 그리고 리서치 패러다임은 이 존재론과 인식론을 결합한 개념입니다. 즉, 리서치 패러다임은 우리가 현실을 어떻게 보는지, 그 현실을 어떻게 탐구할지를 정립하는 과정입니다. 우리가 알고자 하는 현실의 성질과 그것을 효과적으로 알아가는 방법을 먼저 정립하면 연구에 자신감을 높일 수 있습니다.

먼저 존재론부터 살펴보겠습니다. '현실'을 정의하는 세 가지 관점이 있다고 생각해봅시다. 첫째는 '진정한 현실은 단 하나뿐이다'라고 생각하는 관점입니다. 둘째는 '사람마다 각자 다른 현실이 있다'라고 생각하는 관점입니다. 셋째는 '현실은 맥락에 따라 하나일

설득을 위한 정성 연구의 시작

때도 있고 그렇지 않을 때도 있다. 중요한 것은 실용적인 방법으로 현실을 알아내는 것이다'라고 믿는 관점입니다.

존재론

- 실증주의: 진정한 현실은 하나뿐이다.
- 구성/해석주의: 사람마다 다른 여러 현실이 존재한다.
- 실용주의: 맥락에 따라 현실은 하나일 수도, 여러 가지일 수도 있다.

이번엔 인식론에 대해 이야기해봅시다. 현실이 하나뿐이라고 믿는 사람과 사람마다 여러 가지 현실이 존재한다고 믿는 사람은 굉장히 다른 방법으로 현실을 탐구할 것입니다. 현실은 하나뿐이라고 생각하는 사람에게는 객관성이 가장 중요하겠지요. 그래서 해석의 여지가 없는, 실제로 존재하는지를 증명하거나 반증하는 방법으로 현실을 탐구할 겁니다. 이러한 리서치 패러다임을 '실증주의'라고 합니다. 반면, 여러 가지 현실이 존재한다고 믿는 사람은 개인마다 인식하는 현실이 무엇인지를 해석하려고 합니다. 이것이 '구성주의' 또는 '해석주의'라는 리서치 패러다임입니다. 그렇다면 '맥락에 따라 현실은 하나일 수도, 여러 가지일 수도 있다'고 생각하는 사람들은 어떨까요? 이들은 객관적이든 주관적이든 가장 실용적인 방법을 통해 현실을 탐구합니다. 이것이 '실용주의'입니다.

인식론

- 실증주의: 현실을 객관적으로 탐구한다.
- 구성/해석주의: 한 사람이 진실을 어떻게 해석하는지 주관적으로 탐구한다.
- 실용주의: 실용적으로 진실을 탐구할 수 있는 어떤 방법이든 동원한다.

그렇다면 실증주의, 구성주의/해석주의, 실용주의를 믿는 사람들은 각각 어떤 연구 방법론을 사용할까요?

현실은 단 하나뿐이고 객관적으로 이해해야 한다는 실증주의자는 딱 떨어지는 답을 제시할 수 있는 정량 연구 방법론을 주로 사용할 겁니다. 이런 사람들에게 개개인의 의견은 가변적이고 예측할 수 없는 것이니까요. 반면, 현실에는 여러 가지 버전이 존재하고 한 사람이 현실을 어떻게 주관적으로 이해하는지 해석하려는 해석주의자들은 자연스럽게 정성 연구 방법론을 사용할 겁니다. 이들에게 중요한 건 개인이 해석하고 구성해가는 현실이니까요. 마지막으로 실용주의자들은 그들의 목적에 맞게 정량 연구 방법과 정성 연구 방법을 모두 사용하는 혼합 방법론mixed methods을 사용합니다. 이들에게 가장 중요한 것은 실용적으로 문제를 해결하는 것이기 때문입니다.

구분	실증주의	구성주의/해석주의	실용주의
존재론	진정한 현실은 하나뿐이다.	사람마다 여러 현실이 존재한다.	맥락에 따라 현실은 하나일 수도, 여러 가지일 수도 있다.
인식론	현실을 객관적으로 탐구한다.	한 사람이 진실을 어떻게 해석하는지 주관적으로 탐구한다.	실용적으로 진실을 탐구할 수 있는 어떤 방법이든 동원한다.
방법론	정량 연구	정성 연구	혼합 연구

정량 연구, 정성 연구, 혼합 연구는 이 리서치 패러다임에 기반합니다. 이미 사용하고 있는 방법론들인데 리서치 패러다임이라는 개념까지 알아야 하나 싶을 수도 있지만, 참여자 수가 적고 연구 결과 해석에 많은 질문을 받는 정성 연구에서는 리서치 패러다임을 제대로 아는 것만으로도 이해관계자와의 오해를 대부분 해결할 수 있습니다. 해석주의에 기반한 정성 연구에서는 한 사람 한 사람이 해석하는 현실을 깊이 이해하는 것이 목표이기 때문이죠.

정성 연구의 근간인 리서치 패러다임에 대해 알았으니 이제 어떻게 하면 더욱 신뢰할 수 있고 설득력 있는 정성 연구를 할 수 있을지 알아보겠습니다.

설득력과 신뢰, 정성 연구에서 어떻게 확보할까?

> 셀 수 있는 모든 것이 중요한 것은 아니며
> 중요한 모든 것이 셀 수 있는 것도 아니다.
>
> – 알버트 아인슈타인

직장에서 특정 직원에 대한 평가가 누구에게 묻느냐에 따라 크게 달라지는 경험을 해본 적이 있을 겁니다. 마찬가지로 어떤 사람은 특별하다고 느끼는 영화가 누군가에게는 난해한 영화일 수도 있고요. 같은 것을 두고 왜 이렇게 다른 견해가 생기는 걸까요? 이는 우리가 '정성적으로' 현실을 인식하고 판단하기 때문입니다. 그래서 정성 연구에서는 '객관성'이란 개념이 중요하지 않습니다. 정성 연구가 속하는 해석주의에서 '현실'은 그 현실을 경험하는 주체와 분리하여 이해할 수 없기 때문입니다. 현실은 경험하는 사람에 따라 구성되고 또 해석되는 것이죠. 따라서 정성 연구에서는 '경험하는 주체가 누구인지'에 따라 현실이 달라질 수 있습니다.

회사에서 정성 연구를 하다 보면 "유저 5명으로 연구한 결과를 어떻게 믿을 수 있죠?"라는 지적을 많이 받습니다. 이는 정성 연구의 결과를 정량화하려는 오류에서 나오는 생각입니다. 정량 연구에서는 '이 결과를 일반화하여 전체에 적용할 수 있는지'가 중요합니다. 그러나 정성 연구는 개개인의 생각과 감정을 연구하는 방법이기 때문에 연구 결과의 일반화generalizability를 목표로 하지 않습니다. 현실은 각자의 해석과 구성에 따른 것이므로 정성 연구에서는 결과의 일반화가 중요한 목표도 아니며, 가능한 일이라고 생각하지도 않습니다.

그렇다면 정성 연구는 개개인을 연구하기 때문에 대부분의 유저를 만족시킬 방법을 찾기에 부적합한 연구 방법일까요? 절대 그렇지 않습니다. 정량 연구는 연구 결과의 일반화를 목표로 하는 반면, 정성 연구는 이전 가능성transferability을 목표로 합니다. 즉, 비슷한 특징을 가진 5명의 참여자가 그리는 현실이 비슷하고 그들이 겪는 문제점에 유사한 패턴이 있다면, 이 5명과 같은 특징을 가진 다른 유저 그룹에게 적용 가능한 유의미한 결과가 된다는 뜻입니다.

그렇다면 정성 연구를 신뢰해도 되는지는 어떻게 알 수 있을까요? 정성 연구의 타당성과 신빙성을 측정하기 위해서는 다양한 종류의 데이터를 비교하여 우리가 발견한 결과와 부합하는지를 확인하는 것이 중요합니다. 이를 트라이앵귤레이션triangulation(삼각화)이라고 합니다. 정성 연구의 타당성을 증명하는 효과적인 방법 중하나입니다.

트라이앵귤레이션을 고려할 때 정성 연구 데이터를 정량적으로 확인해야 한다고 생각하는 리서처가 많습니다. 물론 정성 데이터와 정량 데이터를 함께 사용하는 것은 보통 정량 데이터를 더욱 신뢰하는 조직을 설득하는 가장 효과적인 방법입니다. 하지만 다양한 종류의 데이터로 트라이앵귤레이션할 때 중요한 것은 이 데이터가 유저의 의견을 기반으로 했느냐, 행동을 기반으로 했느냐입니다.

흔히 정성 연구 방법론이라면 모두 '의견'만을 기반으로 한 데이터를 분석한다고 오해하지만, 정성 연구에도 행동을 기반으로 하는 데이터를 수집하고 분석하는 방법론이 있습니다. 반대로 정량 연구라고 해서 모두 '행동'만을 기반으로 한 데이터를 다루는 것도 아닙니다. 정성 연구와 정량 연구에서 의견 및 행동 기반 데이터를 정리해보면 다음과 같습니다.

연구 유형	의견 기반 데이터	행동 기반 데이터
정성 연구	인터뷰, 설문 조사	에스노그라피, 다이어리 스터디
정량 연구	설문 조사	A/B 테스트, 로그 데이터

이 표에서 알 수 있듯이 정성 연구, 정량 연구 모두 의견과 행동에 기반하는 데이터를 모을 수 있습니다. 트라이앵귤레이션을 할 때 정성, 정량 연구 방법론뿐 아니라 의견을 기반으로 한 데이터를 분석하는지, 행동을 기반으로 한 데이터를 분석하는지도 고려하는 것이 좋습니다.

설득을 위한 정성 연구의 시작

행동 기반 데이터를 보는 정성 연구 방법의 대표로 에스노그라피 ethnography가 있습니다. 연구 참여자들의 일상에서 그들의 행동을 관찰하는 방법론으로, 행동을 파악하는 데 아주 효과적이지만 시간과 비용이 많이 든다는 단점이 있습니다. 그래서 좀 더 쉽게 응용한 다이어리 스터디 diary study라는 방법도 있습니다. 다이어리 스터디는 유저가 특정 행동을 할 때 그 행동을 기록하게 하는 방법론입니다. 예를 들면 커피를 마실 때마다 비디오, 사진, 텍스트 등으로 기록을 남기게 하면 언제, 어디서, 누구와, 어떤 방식으로 커피를 마시는지와 같은 행동 데이터를 모을 수 있습니다.

트라이앵귤레이션 외에도 의견과 행동에 기반한 정성 데이터를 모두 활용해 이전에 했던 다른 연구 결과와 비교하거나, 이해관계자나 다른 동료 리서처에게 피드백을 받거나, 참여자에게 직접 확인을 받는 방법 등으로 연구의 타당성을 높일 수 있습니다. 이와 같이 정성 연구의 신뢰도를 높이기 위한 전략에는 다음과 같은 방법이 있습니다.

- **장기 참여(prolonged engagement)**: 리서처가 연구 현장에 오랜 기간 머무르며 참여자와 깊이 있는 관계를 형성하고 연구 주제에 대한 포괄적인 이해를 쌓는 것을 말합니다.

- **지속적 관찰(persistent observation)**: 리서처가 현장에 반복적으로 방문하여 일관된 관찰을 함으로써 중요한 세부 사항과 패턴을 식별하는 것을 말합니다. 장기 참여가 한 번에 오랜 시간 참여자와 시간을 보내는 것을 의미한다면, 지속적 관찰은 '반복 횟수'에 집중한 개념입니다.

- **트라이앵귤레이션(triangulation)**: 여러 데이터 출처를 사용하여 연구 결과의 타당성을 높이고 다양한 관점에서 자료를 교차 검증하는 방법입니

다. 앞에서는 하나의 연구 결과와 다른 결과를 비교하는 케이스만 언급했지만, 한 연구 프로젝트에서도 리서처 연구 일지, 필드 관찰 노트 등을 비교할 때 트라이앵귤레이션을 적용할 수 있습니다.

- **피어 디브리핑(peer-debriefing)**: 연구 과정에서 다른 리서처나 연구에 참여하는 이해관계자와 지속적인 토론과 피드백을 통해 연구의 편향성을 줄이고 분석의 깊이를 더하는 과정입니다.

- **멤버 체킹(member checking)**: 연구 결과나 해석을 연구 참여자에게 다시 검토받아서 리서처가 이해한 내용이 참여자의 경험과 일치하는지 확인하는 방법입니다.

이처럼 연구의 신뢰도를 높이는 다양한 방법이 있지만, 이 중 가장 권하는 방법은 피어 디브리핑입니다. 즉, 이해관계자를 끊임없이 연구에 참여시키는 것이죠. 이해관계자와 함께 연구 질문을 더욱 뾰족하고 명확하게 다듬고, 리서치 브리프research brief[1]나 모더레이션 가이드moderation guide[2] 등의 문서에 피드백을 받고, 인터뷰 세션 중 노트테이킹session notetaking[3]을 하고, 디브리프debrief[4]와 분석을 함께하는 것은 정성 연구의 신뢰도를 높이는 가장 효과적인 방법인 동시에, 이해관계자가 연구 결과를 체화하는 가장 좋은 방법이기도 합니다. 다음 절에서 연구 과정 동안 어떻게 이해관계자들을

---

[1] 연구 목적, 질문, 방법론, 기대되는 결과 등을 간결하게 요약한 문서입니다. 연구를 시작하기 전에 연구 목적을 설정하고 이해관계자에게 연구 내용을 설명할 때 사용합니다.

[2] 인터뷰나 사용성 테스트 등을 진행할 때 사용하는 가이드로, 인터뷰 내용의 전반적인 구조와 주요 질문 등을 체계적으로 담은 문서입니다.

[3] 인터뷰나 기타 연구 세션 중 참여자의 반응, 주요 발언, 분위기 등을 기록하는 과정으로, 이후 분석에 활용하기 위해 세부적인 정보를 남기는 것입니다.

[4] 연구 세션이 끝난 후 리서처들이 모여서 세션의 진행과 결과에 대해 논의하고 주요 발견 사항, 관찰된 패턴, 문제점 등을 검토하며 앞으로의 연구 방향을 정리하는 과정입니다.

효과적으로 이끌 수 있는지 그 방법에 대해 자세히 이야기하겠습니다.

UX 리서처, 연구 여정을 이끄는 가이드

앞서 리서치 패러다임에서 경험하는 사람에 따라 현실이 달라질 수 있다고 믿는 해석주의 패러다임에 적용할 수 있는 방법론이 정성 연구라고 언급했습니다. 웹 사용성 및 사용자 경험 디자인 분야에서 저명한 디자이너이자 컨설턴트인 제이콥 닐슨Jakob Nielsen이 "당신은 당신의 사용자가 아니다"라고 말한 이유도 이 때문입니다. 즉, 제품과 서비스를 설계할 때 만드는 사람의 가정이나 선호에 기반하지 않고, 유저의 관점에서 파악한 니즈와 문제점을 바탕으로 설계해야 한다는 뜻입니다.

우리가 절대로 타인이 될 수 없다면 어떻게 유저의 눈으로 세상을 볼 수 있을까요? 에스노그라피를 만든 인류학에서 그 방법을 찾을 수 있습니다. 인류학에서는 크게 두 가지 방식으로 접근하는데, 이는 각각 리서처의 눈으로 보는 에틱 접근법etic approach, 참여자의 눈으로 보는 에믹 접근법emic approach입니다. 에틱과 에믹은 주로

설득을 위한 정성 연구의 시작

문화 연구에 쓰이는 개념으로 각각 외부적 관점과 내부적 관점을 뜻합니다.

- **에틱**: 특정 문화를 연구할 때 그 문화의 구성원이 아닌 리서처가 '외부'에서 관찰하고 분석하는 시각을 의미합니다. 리서처가 속하지 않은 문화나 사회를 연구할 때 사용하며 중립적인 기준을 바탕으로 보편적인 이론을 적용하려는 접근입니다. 예를 들어 리서처가 특정 문화의 의례를 그 사회의 규범과 무관하게 분석하여 보편적인 패턴을 찾으려고 하는 경우가 에틱 접근에 속합니다.
- **에믹**: 문화나 사회 '내부자의 관점'에서 이해하려는 접근입니다. 연구 대상자들이 속한 문화의 언어, 가치관, 의미를 존중하며 리서처가 그 사회의 맥락에서 개념을 설명하려고 합니다. 예를 들어 특정 문화에서 중요한 의례나 관습을 그 사회의 구성원 입장에서 이해하고 설명하는 방식이 에믹 접근으로, 장기간 그 문화에 속해 참여자이자 관찰자로 시간을 보내는 방식을 선택합니다.

이를 UX 리서치에 적용해보면 각각 '회사'의 관점과 '유저'의 관점으로 생각해볼 수 있습니다. UX 리서처는 유저의 관점과 회사의 관점에서 모두 생각할 수 있어야 합니다. 즉, 유저와 밀접하게 시간을 보내면서 그들을 꾸준히 탐구하고, 그들의 관점에서 세상을 바라보며 어려움을 발견하는 동시에, 내가 속한 조직의 상황과 이해관계자가 겪는 문제에 대해서도 충분히 귀를 기울여야 합니다.

UX 리서처에게 제품은 연구, 소비자는 이해관계자와 같습니다. 즉, 이해관계자가 연구 결과물을 사용하지 않는다면 이는 마치 제품이 소비자에게 버려지는 것과 다름없습니다. 연구에 강한 설득력을 부여하고 이해관계자가 내 연구 결과물을 사용하게 만들기 위한 가장 좋은 방법은 혼자 연구하지 않는 것입니다. 연구의 모든 단계에 이해관계자가 참여하고 경험하여 연구 결과를 제대로 사용할 수 있도록 한 단계씩 이끌어야 합니다. 이렇게 모두가 함께 연구하는 문화를 만들고, 모든 단계에서 이해관계자가 유저의 목소리를 체화하도록 해야 합니다. 그러면 이해관계자는 연구 결과물에 귀를 기울일 수밖에 없습니다. 이를 위해 UX 리서처는 이해관계자에게 있어 전체 연구 여정을 이끄는 가이드가 되어야 합니다.

연구 여정의 가이드로서 역할은 이해관계자에게 우리가 함께 갈 연구의 여정을 미리 보여주고 각 단계에서 해야 할 일과 기대치를 설명하는 것입니다. 가능한 한 모든 단계에서 이해관계자와 함께 의사결정하는 것을 원칙으로 하되, 리서처가 독자적으로 결정을 내려야 할 경우에는 그 이유를 설명할 수 있어야 합니다. 연구 과정에서 이해관계자가 유저의 목소리를 최대한 많이 접할 수 있는 연구 시스템을 구축하고, 그들이 연구 여정을 잘 따라오고 있는지, 궁금한 점이나 걱정되는 점은 없는지 끊임없이 확인해야 합니다.

물론 이해관계자와 모든 과정을 함께하는 연구는 속도가 느릴 수 있고, 모든 연구를 함께 진행할 수는 없습니다. 하지만 분명한 사실은 한 명이 진행한 연구는 이해관계자 모두가 참여한 연구의 임팩트를 절대 따라갈 수 없다는 것입니다. 차라리 속도를 늦추고 적은 수의 연구를 수행하는 편이 훨씬 낫다는 사실을 기억하세요.

글로벌 빅테크 기업에서는 PM, 디자이너뿐 아니라 엔지니어 등의 이해관계자들이 연구 전반에 참여하는 것이 일반적입니다. 특히 에스노그라피를 사용한 필드 리서치에는 꼭 이해관계자가 함께합니다. 연구가 주된 업무가 아닌 이해관계자들이 필드에서 유저를 함께 관찰하는 것이 시간 낭비처럼 보일 수도 있지만, 연구 결과를 '아는 것'보다 그 결과를 '체화하는 것'이 훨씬 더 중요하다는 것을 알기 때문에 시간적, 물질적으로 투자한답니다. 실제로 많은 글로벌 빅테크 기업의 팀들은 한국을 미래지향적인 사회로 여겨서 필드 리서치를 위해 자주 방문하기도 합니다.

이미 리서치를 중요시하는 문화가 자리 잡은 조직이라면 이해관계자를 연구 과정에 포함시키기가 비교적 쉽습니다. 그러나 현실은 그렇지 않은 경우가 더 많지요. 따라서 이해관계자가 리서치 과정 전반에 참여하고 오너십을 가질 수 있도록 리서치 질문을 설정하는 첫 단계부터 자주 소통하며 그들을 참여시키는 것이 좋습니다. 또 개인마다 리서치에 참여하는 태도가 다르므로, 리서치에 호의적인 태도를 보이고 궁금해하는 이해관계자를 파악해 그들과 먼저 협력하면서 리서치가 그들의 업무에 어떻게 도움이 되는지 보여주는 것이 효과적입니다. 이를 통해 다른 이해관계자들을 자연스럽게 설득할 수 있습니다.

이해관계자, UX 리서처의 첫 연구 대상

UX 리서치 여정의 가이드로서 UX 리서처가 이해관계자를 깊이 이해하는 것은 매우 중요합니다. 이해관계자가 중요하게 생각하는 부분과 그들이 가진 UX 리서치에 대한 사전 지식이나 경험 등을 미리 알고 있으면 연구 여정에서 문제가 생길 만한 부분에 미리 대비할 수 있고, 그들이 이해하기 쉬운 방향으로 계획을 조정할 수 있기 때문입니다. 따라서 정성 연구를 한다면 가장 먼저 연구해야 하는 참여자는 바로 나의 조직과 이해관계자입니다.

먼저 UX 리서처와 함께 일하는 제품 개발 직군들이 일반적으로 생각하는 방식을 정리하면 다음과 같습니다.

직군	생각하는 방식	이들의 생각
UX 리서처	• 왜 • 누가	• 왜 이런 행동을 하는가? • 왜 이 행동이 중요한가? • 우리의 유저는 누구인가?

직군	생각하는 방식	이들의 생각
UX 디자이너	• 누가 • 어떻게	• 누구를 위해 제품을 만드는가? • 누구의 니즈를 우선시할까? • 그 니즈를 어떻게 맞출 수 있는가?
PM	• 어떻게 • 언제	• 제품을 어떻게 만들까? • 제품을 언제까지 만들어야 하는가?
엔지니어	• 무엇을	• 무엇을 만들까? • 무슨 기능이 있어야 할까? • 무엇이 만들어졌나? • 우리의 데이터가 무엇을 말해주고 있는가?

UX 리서처는 주로 '왜'라는 질문에 답합니다. 물론 UX 리서처도 데이터를 파악할 수 있고, 누구를 중심으로 제품을 만들어야 할지, 또 어떻게 만들어야 할지 고민하지만 '왜'에 대답하는 것은 UX 리서처만이 할 수 있는 고유한 일입니다. 이와 마찬가지로 엔지니어는 무엇을 만들지, UX 디자이너는 유저의 니즈를 디자인에 어떻게 더 반영할 수 있을지, PM은 제품을 어떻게 그리고 언제 구현할지 고민합니다.

물론 이는 각 직군의 일반적인 생각 방식일 뿐, 회사나 조직의 성격이나 사람의 성향 또는 일하는 방식에 따라 다르기도 합니다. 그래서 내가 속한 조직의 특성을 잘 이해하고 함께 일하는 이해관계자 한 명 한 명을 잘 이해하는 것이 중요합니다. 이해관계자가 생각하고 일하는 방식, 그들의 주된 목표 등을 잘 읽으면 대화의 방향이나 연구 방식도 그에 맞게 조정할 수 있습니다.

그렇다면 이해관계자를 가장 잘 이해하는 방법은 무엇일까요? 유저를 이해하기 위해 인터뷰를 진행하듯이 이해관계자를 이해하기 위해 이해관계자 인터뷰를 진행할 수 있습니다. 이 인터뷰를 통해 조직, 제품, 프로젝트에 대한 이들의 입장과 지식 수준을 파악할 수 있습니다.

인터뷰를 진행하기 전 질문지를 만들어 두고 템플릿처럼 활용하는 것도 방법입니다. 다음은 제가 인터뷰에서 주로 묻는 질문들을 나열한 이해관계자 인터뷰 질문 템플릿입니다.

▼ 이해관계자 인터뷰 질문 템플릿

프로젝트 우선순위
- 현재 가장 우선순위가 높은 프로젝트는 무엇인가요?
- 이번 분기와 다음 분기의 우선순위는 무엇인가요?
- 이 우선순위 중 불확실성이 높은 것은 무엇인가요?

지식 & 갭
- 유저에 대해 어떤 것을 알고 있나요?
- [팀명]에서 현재 가장 합의가 안 되고 있는 내용은 무엇인가요?

조직에 대한 시각
- [팀명]/[회사명]에서 일하는 데 가장 큰 장애물이 무엇이라고 생각하나요?
- [팀명]/[회사명]을 이해하는 데 도움이 되는 팁은 무엇인가요?

관계
- 제가 [팀명]이나 [이해관계자]님의 일하는 스타일에 대해 알아야 할 점이 있나요?

- [이해관계자]님은 이전에 UX 리서치를 경험해본 적이 있나요? 있다면 직접 했나요, 리서치팀과 함께 협업했나요?
- [이해관계자]님은 UX 리서치에 대해 어떤 기대를 갖고 있나요?

이렇게 이해관계자 인터뷰를 진행하면 프로젝트 우선순위나 불확실성에 대해 대부분 비슷하게 답한다는 것을 알 수 있습니다. 이는 UX 리서처로서 가장 집중해야 할 프로젝트가 무엇인지 확인하는 데 도움이 됩니다. 또 유저에 대해 알고 있는 내용은 이해관계자마다 다를 수 있기 때문에 모든 팀원이 가진 유저 관련 지식을 한데 모으기도 좋습니다.

마지막으로, 다양한 이해관계자와 인터뷰를 한 뒤에는 그 결과를 하나의 문서에 모아두는 것을 추천합니다. 그러면 어떤 부분에서 비슷한 답변이 나오는지 빠르게 파악할 수 있습니다.

빅테크 인사이드

저는 새로운 팀에 합류하거나 새로운 회사와 컨설팅 프로젝트를 시작할 때 '이해관계자 인터뷰'를 가장 먼저 진행합니다. 이를 통해 개인별 우선순위 업무, 유저에 대해 알고 있는 것과 모르는 것, 조직에 대한 시각, 일하는 방식을 파악하죠. 이해관계자 인터뷰를 하면 그들이 유저에 대해 알고 있는 핵심 지식을 빠르게 전달받고 조직 내 우선순위를 파악할 수 있습니다. 또한 전반적인 조직 분위기와 개인이 조직을 바라보는 시선도 어느 정도 눈치챌 수 있습니다. 물론 모든 사람이 솔직하게 대답하진 않겠지만, 이해관계자 인터뷰를 통해 얻은 답변들은 조직의 분위기를 파악하고 이를 통해 리서치 진행 전략을 세우는 데에도 매우 유용합니다.

실제로 제가 VR 게임 회사를 컨설팅할 때도 주요 이해관계자들과의 인터뷰를 가장 먼저 진행했습니다. 이를 통해 모두가 암암리에 알고는 있었으나 명확히 짚어내지 못해 팀 차원에서 합의할 수 없었던 두 가지 중요한 문제(새로운 제품의 방향성, 현 제품의 수익 증대를 위한 마케팅 전략)를 찾아낼 수 있었습니다. 또한 전반적인 조직 문화도 이해할 수 있었습니다. 그래서 이 내용을 바탕으로 리서치 방향을 설정한 후 프레젠테이션을 하였고, 리서치를 진행하기 전에 팀 전체가 합의하는 기반을 다질 수 있었습니다.

"
UX 리서치에 대한
이해가 부족한
팀원들과 현명하게
협업하는 방법이
있을까요?
"

가장 먼저 UX 리서치 교육을 하는 것을 추천합니다. 저는 어떤 팀이든 함께 일하기 시작할 때 꼭 'UX 리서치 101' 같은 트레이닝을 합니다. 이때 다음 내용이 담긴 프레젠테이션을 준비하죠.

- UX 리서치의 정의
- UX 리서치가 이해관계자들의 일에 어떤 도움을 줄 수 있는지, 무엇을 해줄 수 있는지에 대한 구체적인 메시지
- 이에 대한 실제 사례를 담은 케이스 스터디
- 주로 사용하는 연구 방법론에 대한 소개
- 기대치 설정(리서치 기간은 얼마나 걸리는지, 언제쯤 리서치 결과를 받아볼 수 있는지, 이해관계자에게 어느 정도의 참여도를 원하는지 등)

이렇게 하면 이해관계자 역시 UX 리서치의 중요성을 이해하게 되어 연구 진행이 수월해집니다. 물론 한 번의 교육으로 모든 문제가 해결되는 것은 아닙니다. 이후에도 리서치를 진행하면서 끊임없이 방향을 설명하고, 이해관계자들이 참여할 수 있도록 유도하는 과정도 필요합니다.

"
참여자들의 답변이
서로 모순될 때는
어떻게 해결하나요?
'같은 유형'의 사람
인데도 하는 말이
정반대일 때가 있어요.
"

아마존, 마이크로소프트를 비롯한 유수의 테크 회사에서 최고 레벨의 UX 리서처로 근무했고, 현재는 UX 리서치 트레이너로 활동 중인 샘 래드너[Sam Ladner]의 대답을 빌려 설명하겠습니다.

정량 연구에서는 모순적인 결과가 나오면 단순히 '이상 수치'라고 정의하고 제거해버릴 수 있지만, 정성 연구를 할 때는 모순을 굉장히 흔하게 만날 수 있고 이는 어쩌면 당연한 일이기도 합니다. 그래서 정성 연구를 하는 리서처에게는 모순을 잘 이해하고 설명하는 스킬이 필요합니다.

일단 질문에서 '같은 유형'의 사람을 어떻게 정의했는지 짚고 넘어갑시다. 같은 유형의 사람들이 제품이나 마케팅 쪽에서 미리 정의한 세그먼트라면, 유형을 다시 한번 재고해볼 필요도 있습니다. 유저를 구분한 '기준'이 유저의 니즈가 아닌, 회사의 입장일 확률이 높기 때문이죠. 연령, 성별, 사용량, 구매 이력 등 흔히 고객 구분 시 사용하는 세그먼트 내에서도 실제 제품이나 서비스를 사용할 때 생기는 니즈는 천차만별일 수 있다는 뜻입니다. 이 니즈를 이해하기 위해서는 유저가 궁극적으로 해결하려는 일을 먼저 이해하는 것이 중요합니다.

우리가 보기에는 비슷한 프로필을 가진 사람들이라도 해결하고자 하는 일에 따라 특정 제품을 사용하기도 하고 그렇지 않기도 하기 때문입니다.

참여자 분류에서의 문제 외에도, 분석이 너무 세분화되어 패턴을 찾지 못하거나 서로 상충되는 결과가 나오기도 합니다. 이런 경우에는 분석의 추상화를 통해 해결할 수 있습니다. 분석의 추상화란 분석 또는 그루핑grouping 레벨을 한 단계 높여야 한다는 뜻입니다. 예를 들어 이전 버전보다 단순화된 앱 인터페이스에 대부분의 참여자가 긍정적인 반응을 보였지만 일부 참여자는 앱 인터페이스를 직접 조작하고 커스터마이징하길 원하는 경우가 있습니다. 이들은 원래 인터페이스에 익숙하고 우리 앱을 오랫동안 사용한 헤비heavy 유저입니다. 이 경우 "단순화된 앱의 인터페이스는 앱을 빠르게 사용한 후 앱을 종료하고 싶어 하는 대부분의 유저에게 적합하지만, 앱의 다양한 기능을 최대한 활용하고 싶어 하는 헤비 유저에게는 오히려 불편함을 제공한다"라고 설명할 수 있겠죠. 이처럼 통일되지 않는 답변에서 어떤 추상화가 가능한지 살펴보고 유저를 묶는 그루핑의 단계를 높이면 모순점을 해결할 수 있습니다.

PART
4

정성 데이터, 이렇게 수집하면 된다

Q.

정성 데이터는 모호하고
측정이 불가능하지 않나요?

A.

정성 데이터가 모호하게 느껴지는 이유는 정성 연구가
'사람의 복잡한 생각과 감정'에 근거하기 때문입니다. 이러한 생각과 감정은
숫자나 범주로 쉽게 정리되지 않으므로 당연히 모호해 보일 수밖에 없지요.
하지만 이 모호한 정보를 깊이 이해하는 것이 바로 정성 연구의 강점이며,
이를 통해 유저의 경험을 개선하는 것이 정성 연구의 목표랍니다.
정성 연구의 역할은 '측정'이 아닙니다. '감정'과 '생각'을 측정하는 것은
주로 정량적 설문 방법을 통해 가능하고 특정 수치나 비율을 추적하는 역할을
합니다. 반면, 정성 연구는 사람들의 생각과 감정을 깊이 탐구하여 개인 또는
비슷한 경험을 가진 그룹의 시각을 이해하고 이를 기반으로 인사이트를
도출하는 데 집중합니다. 이를 통해 유저가 제품 또는 서비스를 이용할 때
어떻게 느끼고 경험하는지에 대한 풍부하고 의미 있는 데이터를 얻게 됩니다.

탐색적 연구로
제대로 된
문제 찾기

이해관계자를 잘 이해했다면 이제 연구에 착수해봅시다. 연구는 크게 두 가지 경로로 시작되는데 첫 번째는 이해관계자의 요청으로 두 번째는 리서처의 발제로 진행됩니다. 주니어 리서처일수록, 또 제품 개발 직군과 떨어져 연구를 진행할수록 이해관계자가 요청하는 연구를 더 많이 하기 마련입니다.

그런데 리서처로서 어느 정도 경험이 쌓이지 않으면 연구를 제안하는 것이 부담스러울 수 있습니다. 그러나 정성 연구로 비용을 아끼려면 연구를 통해 유저의 니즈를 만족하는 제대로 된 기능과 제품을 만들 수 있도록 도와야 합니다. 안타깝게도 리서처 직군이 아닌 타직군이 요청하는 연구는 대부분 PART 2에서 살펴본 젠 카델로의 디자인 프레임워크에서 1단계 '올바른 문제 정의'에 대한 답보다는 2, 3단계에 해당하는 '올바른 솔루션 모색' 또는 '올바른 방법으로 제품 완성'에 대한 답을 요구합니다. 물론 사용성이 좋은 제품을 만드는 것도 중요하지만, 그보다 더 중요한 것은 '유저가 겪고 있는 진짜 문제가 무엇인지'입니다. 아무도 문제라고 생각하지 않는 문제를 해결하는 제품이라면 아무리 잘 만들고 사용성이 좋아도 사용하는 사람이 없을 테니까요.

탐색적 연구와 평가적 연구

UX 리서치의 연구 종류를 크게 나눈다면 탐색적 연구exploratory research와 평가적 연구evaluative research로 나눌 수 있습니다. 정성 연구와 정량 연구가 데이터 수집 방식과 데이터 유형에 따라 연구 방법을 구분한 것이라면, 탐색적 연구와 평가적 연구는 보통 제품/기능 개발의 어떤 단계에서 행하는지, 연구의 목적이 무엇인지에 따라 구분합니다. 젠 카델로의 프레임워크로 돌아가자면 '올바른 문제 정의'가 탐색적 연구에 해당하고 그 이후가 평가적 연구에 해당한다고 볼 수 있습니다.

구분	탐색적 연구	평가적 연구
연구 시행 시기	제품 개발 초기	제품 개발 후반, 제품 출시 후
연구 목적	특정 문제나 주제에 대한 깊은 이해 및 유저의 니즈 파악	어느 정도 개발된 제품의 효과성과 사용성 개선
대표적인 연구 방법	인터뷰, 에스노그라피 등	설문 조사, 로그 데이터 분석, 사용성 테스트

탐색적 연구는 보통 제품이나 기능을 개발하는 초기 단계에서 이루어집니다. 이 단계에서는 유저가 겪는 문제나 유저의 니즈가 무

정성 데이터, 이렇게 수집하면 된다

엇인지를 더욱 깊이 이해하고 이를 바탕으로 가설을 형성하기 위한 연구를 진행합니다. 이와 같이 주제에 대한 깊이 있는 이해를 위해서는 주로 심층 인터뷰나 에스노그라피 등 정성적 연구 방법을 통해 사용자 행동, 요구, 동기를 파악하여 이후 연구 방향 설정에 도움을 얻습니다. 반면, 평가적 연구는 제품/기능 개발 후반 단계 또는 이미 개발 완료된 단계에서 제품/기능의 효과성과 사용성을 측정하고 개선할 부분을 찾는 데 초점을 맞춥니다. 그래서 사용자 경험을 개선하기 위한 사용성 테스트, 정성 연구를 통해 발견한 가설을 대량 설문 조사, 로그 데이터 분석 등을 사용합니다. 즉, 탐색적 연구는 새로운 인사이트를 발견하는 데 중점을 두고, 평가적 연구는 기존의 솔루션을 검증하고 최적화하는 데 목적이 있습니다.

젠 카델로의 디자인 프레임워크 3단계 중 첫 번째 단계 '올바른 문제 정의'는 탐색적 연구의 힘을 제대로 발휘할 수 있는 단계이기도 합니다. 주로 이 단계에서는 현상이나 문제를 이해하기 위해 가설 없이 연구를 시작해야 하기 때문입니다. 이를 통해 제품 개발 초기에 유저가 겪는 문제를 정의할 수 있으며 리서치 임팩트가 오래 지속될 확률이 높고 전략 단계까지 영향을 끼칠 확률도 높습니다. 더불어 비즈니스 측면에서 연구의 존재의 이유를 증명할 수 있겠죠. 이렇게 제품이나 기능을 개발하기 전에 유저의 니즈를 파악하기 위해서는 정성 연구의 꽃인 에스노그라피, 심층 인터뷰와 같은 방법이 제격입니다.

하지만 탐색적 연구는 오랜 시간이 필요한 장기 프로젝트로 여겨

저서 시작하기도, 제안하기도 쉽지 않습니다. 탐색적 연구가 장기 프로젝트인 것은 맞지만, 꼭 한 번에 끌고 가야 할 필요는 없습니다. 조금씩 단계를 나누어 진행하고 마치 생활 습관처럼 모든 단계에 깃들게 하는 방법을 추천합니다. PART 4의 '04 잘 읽고 잘 정리하기'에서 탐색적 연구를 단계별로 진행하는 방법에 대해 자세히 설명하겠습니다.

성공적인 정성 연구를 위한 세 가지 핵심 스킬

"제일 자신 있는 UX 리서치 방법론은 무엇인가요?"

제가 UX 리서처로 구직 활동을 할 당시 인터뷰에서 가장 자주 들었던 질문입니다. 리서처로서 연구 경력이 짧다면 이 질문에 소극적이고 방어적으로 대답하기 마련입니다. 사용해보지 않았거나 자주 사용하지 않는 방법론에 대해서는 자신이 없고, 이를 보완하기 위해 더 많은 방법론을 배우려고 노력하게 되죠. 하지만 모든 정성 연구의 기본 스킬은 잘 정리하고, 잘 묻고, 잘 듣는 것입니다. 즉, 이 세 가지 스킬만 잘 사용하면 어떤 정성 연구 방법론도 활용할 수 있다는 뜻입니다.

정성 연구에는 다양한 방법론이 존재합니다. 정성 연구의 핵심 방법론은 다음과 같습니다.

- 인터뷰
- 설문 조사
- 에스노그라피(참여 관찰)
- 다이어리 스터디

이외에도 UX 리서치에서 절대 빼놓을 수 없는 사용성 테스트를 비롯해 맥락적 인터뷰contextual inquiry, 플라이 온 더 월 기법fly-on-the-wall method, 내러티브 탐구narrative inquiry 등 정성 연구에 적용할 수 있는 방법론을 다 나열하려면 끝도 없습니다. 그러나 PART 3 에서 다룬 정성 연구의 근간과 앞으로 다룰 정성 연구의 기본 스킬을 잘 이해하면 모든 방법론을 다 알 필요가 없습니다. 정성 연구에 적용하는 모든 방법론은 다음 세 가지 스킬을 기반으로 하기 때문입니다.

- **스킬 1** 잘 읽고 잘 정리하기
- **스킬 2** 잘 묻기
- **스킬 3** 잘 듣기

현업에서 사용하는 모든 정성적 방법론은 이 기본적인 세 가지 스킬 중 어디에 더 무게를 두느냐의 차이일 뿐입니다. 그럼 지금부터 탐색적 연구를 한다는 가정하에 잘 읽고 잘 정리하는 방법, 잘 묻는 방법 그리고 잘 듣는 방법을 설명하겠습니다. 하지만 그 전에 참여자 모집에 관한 이야기를 먼저 살펴볼까요?

참여자
모집

세 가지 스킬을 활용하기 전에 해야 할 일은 참여자 모집입니다. 정성 연구에서 참여자를 모집하는 단계는 리서치의 성공을 결정할 만큼 중요합니다. PART 3에서 다루었듯이 정성 연구의 목표는 일반화가 아닌, 결과의 이전 가능성입니다. 즉, 특정 연구에서 얻은 인사이트를 유사한 유저 그룹에도 적용할 수 있음을 의미합니다. 부적절한 참여자를 모집하면 결과가 왜곡되어 타깃으로 하는 그룹에 연구 결과를 이전할 수 없으므로 여러 면에서 시간과 비용을 낭비하는 결과를 가져옵니다. 따라서 유저의 특성을 정확히 파악하고 그에 맞는 참여자를 선정하는 것이 선행되어야 합니다.

누가 우리의 연구 질문에 답을 줄 수 있을까?

참여자 모집 과정에서 제일 먼저 고려할 점은 연구 질문과 연구 목표에 맞는 참여자 모집 기준을 명확하게 설정하는 것입니다. 즉,

"누가 우리의 연구 질문에 답을 줄 수 있을까?"를 고려해야 합니다. 예를 들어 '구매 분쟁'과 같이 특정 경험을 한 유저를 연구한다면 이를 직접 경험한 참여자를 모집하는 것이 필수입니다.

이를 위해 참여자 모집 기준을 설정할 때는 PM이나 데이터 사이언티스트와의 긴밀한 협업이 중요합니다. PM은 제품의 목표와 기능, 비즈니스 측면을 잘 이해하고 있어 유저의 어떤 특성이 중요한지 알려줄 수 있습니다. 또 데이터 사이언티스트는 유저 분류 카테고리를 가장 잘 파악하고 있기 때문에 유저의 사용 데이터를 바탕으로 관련성이 높은 유저 그룹을 식별하여 정확한 타깃 설정이 가능합니다.

이렇게 "누가 우리의 연구 질문에 답을 줄 수 있을까?"에 대한 답을 찾았다면 이제 적합한 참여자를 찾아야 합니다. 예를 들어 특정 행동을 하는 유저를 대상으로 할 때는 그 행동을 최근에 했거나 더 자주 하는 사람들을 모집하는 것이 바람직하겠죠. 행동의 빈도나 최근성을 고려하여 참여자를 모집하면 더 생생하고 구체적인 답변을 얻을 수 있습니다.

앞서 예시로 다룬 '중국 판매자와 미국 구매자 간의 분쟁 이슈'를 다시 살펴보면, 우리가 그 리서치를 통해 알고자 했던 질문 중 하나는 "페이팔을 이용해 중국 판매자에게 제품을 구매한 미국 구매자들이 분쟁을 제기한 결정적 원인은 무엇인가?"였습니다. 그리고 이러한 질문에 답할 수 있는 적합한 참여자를 모집하기 위해 몇 가지 기준을 설정했습니다.

먼저 이 리서치의 참여자는 '미국 구매자'여야 하며 실제로 '중국 판매자의 물건을 구매한 뒤 분쟁을 제기한 이력'이 있어야 합니다. 실제 분쟁 이유는 구매한 제품을 아예 받지 못했거나 받은 제품이 상품 설명과 너무나 다르다는 것이었습니다. 그리고 이 두 가지 이유가 전체 분쟁의 2/3 이상을 차지한다는 것을 알았습니다. 따라서 참여자 프로필을 '중국 판매자의 물건을 구매한 뒤 분쟁을 제기한 미국인 중에서도, 이 두 가지 이유로 분쟁을 제시한 사람들'로 제한했습니다. 이에 더해 최근에 분쟁을 제기한 사람들이 자신의 경험을 더욱 잘 설명해줄 거라고 생각했습니다. 최근 경험일수록 구체적으로 설명할 수 있기 때문이죠. 그래서 '분쟁을 제기한 시점이 한 달 이내인 미국 구매자'로 참여자 모집 기준을 한정했습니다.

타기팅 후에는 다양성을 고려하기

우리의 질문에 답할 수 있는 참여자 기준을 뾰족하게 세웠다면, 연구 질문에 직접적으로 영향을 미치지 않는 범위에서 인구 통계학적으로 다양한 배경을 가진 참여자를 모집하는 것이 좋습니다. 예를 들어 '중국 판매자와 구매 분쟁을 경험한 미국 구매자'의 경험을 탐구한다면 이런 경험을 한 미국 구매자를 선별하되 그 안에서 성별, 나이, 미국 내 지역 등 다양한 인구 통계학적 경험을 가진 사람을 포함시켜야 합니다. 이러한 다양성은 연구 결과를 보다 풍부하게 하고 포괄적인 인사이트를 제공합니다.

이때 성별, 나이, 지역, 교육 수준, 경제적 위치와 같은 인구 통계학적 요소는 사용자 경험에 큰 영향을 미칠 수 있다는 점을 기억해야 합니다. 이러한 다양성을 고려해 참여자를 모집하면 특정 성별, 연령대, 지역에만 국한되지 않고 다양한 유저 그룹의 경험을 반영할 수 있습니다.

윤리적인 참여자 모집과 연구 참여 동의서

참여자를 모집할 때는 그들이 연구에 자발적으로 참여할 수 있는지를 신중하게 고려해야 합니다. 특히 미성년자나 70대 이상의 고령층 또는 강압적 상황에 놓인 사람들은 자발적으로 참여하기 어려울 수 있으므로 세심한 배려가 필요합니다.

또한 연구 참여로 인해 불이익을 받을 가능성이 있는지도 신중히 고려해야 합니다. 예를 들어 직장에서 지위를 잃을까 두려워하거나 연구 참여 사실이 불리하게 작용할 가능성이 있는 사람들은 자발적으로 참여하기 어려울 수 있습니다. 리서처는 이러한 윤리적인 문제를 고려해 참여자가 자신의 권리를 충분히 이해하고, 외부의 압박 없이 자유롭게 참여할 수 있도록 해야 합니다. 이는 연구의 윤리성과 신뢰성을 유지하는 핵심 요소입니다.

윤리적인 참여자 모집을 위해서는 연구 참여 동의서를 작성해야 합니다. 연구 참여 동의서는 참여자가 연구의 목적, 절차, 예상되는 이익과 위험 그리고 언제든지 연구 참여를 중단할 수 있는 권리를 충분히 이해한 상태에서 자발적으로 동의했음을 확인하는 문서입니다. 참여자의 권리를 보호하고 투명한 연구 과정을 유지하기 위한 장치라고 볼 수 있습니다.

연구 참여 동의서는 연구의 목적과 방법, 데이터 수집 및 활용 방식, 개인정보 보호 방침, 자발적 참여와 중단 가능성에 대한 명확한 설명이 포함되어야 합니다. 또한 연구 관련 질문이나 문제가 발생할 경우 연락할 수 있는 리서처의 정보도 명시하여 참여자가 신뢰할 수 있는 환경에서 연구에 참여할 수 있도록 해야 합니다.

▼ 연구 참여 동의서 예시

안녕하세요. [연구 제목]에 참여 의사를 밝혀주셔서 감사합니다. [회사 이름]은 참여자 여러분의 소중한 의견과 경험을 수집하여 연구의 목적을 달성하고자 합니다. 이 문서는 본 연구에 관한 설명과 귀하의 참여 동의 여부에 관한 문서입니다. 아래 내용을 꼼꼼히 읽으신 후 동의 여부를 표기해주시고, 혹시 질문이 있다면 [리서처 이름, 연락처]로 연락주시기 바랍니다.

1. 연구 목적
이 연구는 [연구 목적 및 설명]을 조사하기 위한 것입니다.

2. 수집할 정보
연구를 통해 다음과 같은 정보를 수집합니다.
- 수집할 정보의 목록(예: 인터뷰 답변, 설문 조사 응답 등)

3. 데이터 사용 및 보관
수집된 데이터는 연구 목적을 위해 다음과 같이 사용됩니다.
- 사용: [데이터 사용 목적 및 방식]
- 보관: 데이터는 [저장 방식]으로 안전하게 저장되며 [저장 기간] 동안 보관됩니다.
- 개인정보는 법적으로 보호되며 연구 목적 외에는 사용되지 않습니다.

4. 참여비 정보

연구에 참여하신 시간과 노력을 인정하여 다음과 같은 보상이 제공됩니다.

- 참여비 또는 보상 내용

5. 참여자의 권리

- 본 연구 참여는 자발적으로 이루어집니다. 언제든지 연구 참여를 중단하실 수 있으며 그로 인해 어떠한 불이익도 발생하지 않습니다.
- 연구 과정 중 불편함을 느끼거나 질문이 있을 경우 언제든지 리서처에게 문의하실 수 있습니다.

6. 동의 범위

본인은 본 연구의 목적과 절차를 충분히 이해하였으며, 제공된 정보가 본인의 동의하에 사용되는 것에 동의합니다. 또한 본 연구의 개인정보 보호 방침 및 참여 권리에 대해 충분히 설명을 들었으며, 이를 바탕으로 연구에 참여할 의사가 있음을 확인합니다.

7. 리서처 연락처

질문이나 궁금한 사항이 있을 경우 아래의 리서처에게 연락해주시기 바랍니다.

- 리서처 이름 및 연락처

연구 목적, 절차, 데이터 수집 및 사용 방법에 대해 충분히 이해하였으며 본 연구에 자발적으로 참여할 것임을 동의합니다.

- 성명: _____
- 서명: _____
- 날짜: _____

잘 읽고
잘 정리하기

이제 탐색적 연구에 대해 본격적으로 이야기해봅시다. 여러분이 정성 연구 경험이 많은 리서처이고, 정성 연구의 근간을 바탕으로 조직과 이해관계자들을 잘 이해하고 있다고 가정해보세요. 이때 임팩트 높은 리서치를 위해 탐색적 연구를 하고 싶다면 어떤 연구 방법을 사용해야 할까요?

아직 해결되지 않은 문제 또는 유저의 행동 및 니즈를 파악하려면 그들의 일상에서 어떤 선택을 하고 행동하는지 관찰해야겠죠. 이렇게 유저가 실생활에서 겪는 문제점을 파악하기 위해 에스노그라피, 맥락적 인터뷰, 다이어리 스터디 같은 방법론을 사용할 수 있습니다. 하지만 시간과 비용이 많이 들기 때문에 처음부터 이런 방법론을 적용하기는 쉽지 않습니다. 이때 리서처가 해야 하는 일들이 있습니다. 데스크 리서치와 리서치 브리프 작성입니다.

데스크 리서치

데스크 리서치desk research는 회사에서 이미 수집해둔 자료나 문서를 활용하는 것으로, 모든 연구의 시작입니다. 그러나 실제로 데스크 리서치를 심도 있게 진행하는 경우는 많지 않습니다. 빠른 결과를 원하는 현업에서 데스크 리서치를 위해 시간을 따로 내는 것이 쉽지 않지요. 그렇지만 단연코, 데스크 리서치를 제대로 하는 것이 오히려 시간을 많이 아끼는 방법입니다. 특히 데스크 리서치 없이 하는 탐색적 연구는 위험합니다. 탐색적 연구만으로도 많은 시간과 비용이 드는데, 우리가 알고 있는 것이 무엇인지 충분히 이해하고 정리하지 않은 상황에서 연구를 진행하면 조직의 소중한 리소스를 낭비할 수 있기 때문입니다.

또 데스크 리서치를 하면 '우리가 꼭 알아내야 하는 중요한 문제'를 찾을 수 있습니다. 탐색적 연구에 대한 조직의 신뢰와 지원이 없는 상황에서는 이 연구를 통해 알아내려는 것이 매우 중요하고 가치 있는 문제라는 것을 잘 보여줘야 하기 때문이죠. 이를 위해서는 비즈니스의 우선순위, 사업 비용이 많이 드는 문제를 파악하고 그와 관련한 연구 주제를 찾아내야 합니다. 이런 모든 과정을 거친후 진행하는 연구야말로 진정한 의미가 있습니다.

그렇다면 데스크 리서치는 어떻게 시작해야 할까요? 가장 먼저 해야 할 일은 알고 있는 것을 정리하는 것입니다. 이 단계에서 수집해야 할 다양한 문서, 자료, 데이터는 다음과 같은 것들이 있습니다.

- 유저의 특이한 행동을 보여주는 로그 데이터
- 회사에서 수집 중인 VOC 데이터
- 조직 내부 또는 타조직에서 수행한 이전 UX 리서치, 마켓 리서치 자료
- 정부기관이나 전문 리서치 에이전시에서 발행하는 백서나 수치 데이터

탐색적 연구 주제 발굴 단계에서는 이해관계자나 리더의 신뢰와 지지를 얻는 것이 필수이므로 정량 데이터와 제품의 배경지식이 큰 무기가 됩니다. 따라서 평소에 다양한 자료를 넓게 읽고 생각하는 시간을 가지면 큰 도움이 됩니다. 또 UX 리서처 외에 애널리틱스 데이터를 별도로 관리하는 이해관계자들과 협업하는 것도 중요합니다.

데스크 리서치만을 위한 시간을 확보하기 위해서 이를 독립적인 하나의 리서치 프로젝트처럼 다루는 것을 추천합니다. 즉, 다른 UX 리서치 프로젝트처럼 연구 질문을 설정하고, 정리한 결과를 이해관계자들에게 보고하는 겁니다. 이렇게 하면 데스크 리서치를 위한 시간을 확보할 수 있습니다. 데스크 리서치는 다른 사람과 함께하는 것이 아니라는 생각 때문에 조금만 바빠도 뒷전으로 밀리기 쉽습니다. 그렇기 때문에 하나의 프로젝트처럼 접근하여 지식을 체계적으로 정리할 시간을 확보하고, 그 지식을 이해관계자와 공유하면서 탐색적 연구를 위한 주제를 찾을 시간이 필요합니다.

뿐만 아니라 데스크 리서치를 통해 유저를 더욱 깊이 이해할 수 있습니다. 우리가 만든 제품과 서비스는 모두 사회, 문화, 경제의 일부입니다. 따라서 사회적, 문화적, 경제적인 맥락을 잘 이해한다

면 이를 바탕으로 리서치 문제를 찾고 참여자와의 시간을 가이드
해줄 모더레이션 가이드를 작성할 때도 깊이를 더할 수 있습니다.

데스크 리서치를 진행하는 과정은 크게 다음과 같이 네 단계로 정
리할 수 있습니다.

- **1단계 자료 선별하기**: 모아둔 데이터를 빠르게 훑어보며 주제와 연관이
  깊은 자료를 선별합니다. 이렇게 선별한 자료들을 리서치 브리프에 명시합
  니다.
- **2단계 깊이 읽고 요약하기**: 선별한 자료를 깊이 읽으면서 알고자 하는 주
  제를 요약합니다. 이 과정은 정성 연구의 분석 과정과 유사합니다. 관련 있
  는 부분이나 인용 내용을 발췌해 우리가 이 주제에 관해 무엇을 알고, 무엇
  을 모르며, 모르는 것이 어떤 문제를 야기하는지 정리합니다.
- **3단계 스토리라인 구성하기**: 주제별로 정리한 내용을 토대로 스토리라인
  을 구성합니다. 스토리라인은 앞서 정리했던 내용을 바탕으로 우리가 알고
  있는 것에 관한 핵심 요약, 우리가 모르는 것 중에서 우리가 꼭 알아내야
  하는 중요한 문제 등을 중심으로 구성하면 좋습니다.
- **4단계 보고하기**: 이해관계자에게 스토리라인을 간략하게 보고하여 데스
  크 리서치라는 미니 프로젝트를 완성합니다. 이로부터 탐색적 연구 주제를
  제안할 수 있는 새로운 프로젝트의 시작이 됩니다.

리서치 브리프

데스크 리서치를 통해 탐색적 연구의 배경을 파악하고 찾아내야
할 것들에 대한 질문을 설정했다면 모든 지식을 한데 모을 수 있는
지식 저장소가 필요합니다. 리서처에게 지식 저장소란 리서치 브
리프research brief를 뜻합니다.

리서치 브리프는 연구 프로젝트의 시작을 알리는 공식적인 문서입니다. 리서치 브리프에 알고 있는 지식, 추가로 알아야 할 지식, 연구를 하는 목적, 알아야 할 질문, 질문에 답하기 위해 사용할 연구 방법, 프로젝트 스케줄을 정리합니다. 그런 다음 이해관계자에게 공유함으로써 '우리가 이 프로젝트를 함께 시작한다'고 공식적으로 알릴 수 있고 소통하는 문서가 만들어집니다. 이 문서를 통해 피드백을 받고, 연구의 목적과 질문을 구체화하는 과정을 거치게 됩니다. 또 앞으로 이 연구의 결과를 이해관계자가 어떤 식으로 활용할 것인지 생각해보게 하는 도구가 됩니다.

리서치 브리프는 추후 보고를 준비할 때도 중요한 뼈대가 됩니다. 리서치 보고를 잘하기 위해서는 이 연구가 왜 중요하고, 왜 시작되었고, 어떻게 활용할 계획인지를 설명할 수 있어야 합니다. 리서치 브리프에는 이런 스토리라인이 담겨 있기 때문에 연구를 마무리한 후 리서치 보고를 준비할 때 많은 도움이 됩니다.

다음은 제가 사용하는 리서치 브리프의 템플릿입니다.

▼ 리서치 브리프 템플릿

연구 제목

이해관계자 리스트
- 이름 – 직무(UX 리서처, PM, UX 디자이너 등)
  - → 이 프로젝트에 관여한 모든 이해관계자의 이름과 직무를 적습니다. 앞으로 진행하는 미팅이나 보고에 항상 참여해야 하는 사람들입니다.

연구 배경

- 관련이 있는 비즈니스 이슈
- 용어 정의

→ 이 연구가 필요한 이유를 설명합니다. 어떤 비즈니스 이슈와 관련이 있는지, 어떤 용어를 알아야 하는지 소개함으로써 연구에 직접 참여하지 않는 사람들의 이해를 돕고 연구의 필요성을 인지시킵니다.

연구 목적과 질문

- 리서치의 목적
- 리서치를 통해 내릴 결정
- 리서치 질문(결정을 내리기 위해 우리가 알고 싶은 질문)

→ 연구의 목적을 설명합니다. 특히 '리서치를 통해 내릴 결정'을 활용해 리서치로 도출한 인사이트가 제품 개발의 어느 부분에 영향을 줄지 연구 계획 단계부터 이해관계자들과 적극적으로 소통함으로써 연구의 임팩트를 더욱 높일 수 있습니다.

연구 방법론

- 리서치 방법
- 리서치 참여자 프로필

→ 리서치 브리프에 기재하진 않지만 특정 리서치 방법을 선택한 이유, 특정 참여자를 선정한 이유도 이해관계자에게 충분히 설명할 수 있도록 염두에 두고 있어야 합니다.

세부 계획과 팀원 협업 관련 사항

- 주요 일정
- 협업 리스트 및 데드라인

→ 연구 시작/종료일이나 프로토타입, 목업 화면(mockup screen) 받기 등 팀과 협업 시 해당 업무의 데드라인을 적습니다.

정성 데이터, 이렇게 수집하면 된다

주요 링크

- 모더레이션 가이드 또는 연구 태스크 플랜
- 이전 리서치 관련 보고서

→ 리서치 방법론에 따라 모더레이션 가이드(주로 심층 인터뷰에서 사용), 연구 태스크 플랜(주로 사용성 테스트에서 사용) 등 구체적인 문서의 링크를 추가합니다. 이 연구를 위해 선행되었던 연구가 있다면 관련 보고서를 함께 넣기도 합니다.

템플릿에서 강조하고 싶은 항목은 연구 배경과 리서치를 통해 내릴 결정입니다. 연구 배경을 설명함으로써 이 연구가 왜 중요한지 알릴 수 있기 때문에 탐색적 연구를 진행한다면 반드시 이 항목을 꼼꼼히 준비해야 합니다. 또 리서치를 통해 내릴 결정에 대해 이해관계자와 연구 초반부터 이야기를 나누는 과정은 연구 결과를 잘 활용할 수 있게 합니다. 만약 어떤 결정을 내릴지 이해관계자와 전혀 이야기할 수 없는 상황이라면 그들이 준비될 때까지 미루었다가 진행해야 합니다. 그만큼 중요한 부분입니다.

리서치 브리프를 생략하는 경우도 있지만 가급적 작성하는 것을 권장합니다. 무엇이든 체계적으로 배우기 위해서는 지식을 문서화하는 것이 그 첫걸음입니다. 리서치는 '체계적인 배움'이라는 사실을 잊지 마세요.

잘 묻기

이제 잘 읽고, 잘 정리한 내용을 바탕으로 리서치를 진행해봅시다. 잘 묻는 것은 UX 리서치에서 특히 중요한 기술입니다. 현업에서 가장 잘 쓰는 방법론인 사용성 테스트, 인터뷰, 설문 조사 그리고 리서처의 참여도가 높은 에스노그라피 등 모두 잘 묻는 것을 기본으로 합니다. 즉, 의미 있는 인사이트를 얻기 위해 잘 물어보는 기술은 대부분의 연구 방법론에서 필수입니다. 그럼 어떻게 하면 잘 물어보고 원하는 답을 얻을 수 있을지 살펴봅시다.

라포르 형성하기

여러분이 인터뷰 리서치에 초대된 참여자라고 가정해봅시다. 처음 보는 사람과 처음 가보는 곳에서 인터뷰를 해야 하는 상황이 조금은 불편합니다. 리서치 주제에 호기심이 있고 리워드도 있다고 해서 참여는 하지만, 사기는 아닐까 하는 의심도 듭니다. 한편으로

정성 데이터, 이렇게 수집하면 된다

는 내가 잘할 수 있을까 걱정도 되고요. 이런 상황에서 갑자기 내 생각을 이야기해보라고 합니다. 단순한 대화인 줄 알았는데, 생각해본 적도 없는 질문에 대해 자꾸 대답하라고 하니 아무런 생각도 떠오르지 않습니다.

이런 참여자와 함께하는 리서처 입장에서는 '왜 이렇게 말수가 적지?'라고 생각할 수 있지만, 생판 처음 보는 사람과 낯선 장소에서 갑자기 자신의 생각을 말하는 것은 쉽지 않은 일입니다. 따라서 잘 물어보기 위해서는 가장 먼저 참여자를 편하게 해줘야 합니다. 참여자가 인터뷰 장소에 발을 들이는 그 순간부터 라포르rapport를 쌓도록 유도합니다. 이때부터 긴장을 풀어주어야 더 빠르게 깊이 있는 대화를 할 수 있습니다. 인터뷰를 시작하기 전에 리서처가 먼저 자기소개를 하고 스몰 토크로 긴장을 풀어줍니다.

기대치 설정하기

인터뷰를 시작하면 리서처가 챙겨야 하는 부분들이 있습니다. 인터뷰 녹화에 대한 동의와 완료 후 제공할 리워드도 중요하지만, 무엇보다도 참여자의 솔직한 답변이 제품 개발에 도움이 된다는 것을 상기시키는 것이 가장 중요합니다. 이렇게 말이죠.

> "제가 물어보는 대답에 솔직하게 이야기해주시면 됩니다."
> "지금 테스트를 받는 것은 저희 제품이지 참여자 분이 아닙니다."

하지만 참여자는 이런 말을 들어도 정말 솔직하게 말하기 쉽지 않을 수 있습니다. 특히 긍정적인 답변이 아니라면 더욱 그렇죠. 그럴 때는 이렇게 이야기해보세요.

> "부정적인 생각도 가감 없이 솔직하게 말해주는 것이
> 저희를 도와주는 일이니 부담 갖지 않으셔도 괜찮습니다."

사람은 다른 이에게 도움을 주면서 보람을 느낍니다. 특히 리워드가 주어지는 경우에는 내가 받은 보상만큼 도움을 주고 싶어 합니다. 이런 감정을 깨워줄 수 있도록 솔직한 답변이 도움이 된다는 점을 강조하면 참여자가 더 편안하게 이야기할 수 있습니다.

넓게 시작해서 깊게 들어가기

질문은 일반적인 행동 관련 질문에서 시작하여 구체적인 질문으로 나아가야 합니다. 예를 들어 '유튜브에서 새로운 것을 배울 때 불편한 점'을 파악하기 위해 곧바로 궁금한 주제부터 직접적으로 질문하면 참여자가 충분히 생각할 시간이 부족할 뿐 아니라 '유튜브로 무언가를 배울 때'라는 상황으로 제한되어 버립니다. 이 경우 우리가 미처 생각하지 못한 다른 경로나 가능성을 놓칠 수 있습니다. 따라서 답변이 제한되지 않도록 다음 예시와 같이 넓게 시작해서 깊게 들어가는 것이 좋습니다.

❶ 지금 배우고 있거나 배우고 싶은 관심사가 있나요?
❷ 그럼 보통 어떤 경로로 [❶에서 답한 관심사]에 관한 지식을 얻나요?

정성 데이터, 이렇게 수집하면 된다

❸ [❷에서 답한 경로]로 배울 때 불편한 점은 없었나요?

❹ [❷에서 유튜브를 언급했다면] 유튜브로 무언가를 학습할 때 불편한 점을 말씀해주시겠어요?

이처럼 질문을 넓게 시작하면 참여자와의 라포르를 형성하는 데 도움이 되고 참여자가 점차 솔직한 이야기를 할 수 있도록 준비운 동을 하는 역할도 합니다. 또 답변에 따라 질문하려 했던 '유튜브'에 대한 불편함뿐만 아니라 '온라인 강의'를 수강할 때의 불편한 점 또는 편리한 점과 같이 시야를 확장할 수 있어 또 다른 인사이트를 얻는 경로가 될 수 있습니다.

실제 행동에 기반하기

미래의 행동을 예상하기보다는 현재의 경험과 행동을 묻는 것이 좋습니다. 보통 리서치를 할 때 참여자의 선호도에 대해 직접적으로 묻곤 합니다. 예를 들어 우리가 만들 제품의 사용 여부를 예상하기 위해 특정 기능이 있으면 좋을지에 대해 묻곤 하죠. 하지만 이런 질문은 정확하게 답변하기 어려울 뿐 아니라 사실 미래의 행동을 예상하는 데 큰 도움이 되지 않습니다.

제대로 된 예측을 하려면 참여자의 실제 행동과 경험을 보다 깊이 이해해야 합니다. 즉, 가능하다면 로그 데이터를 통해 참여자의 전반적인 행동 방식을 파악하는 방법이 가장 좋습니다. 이를테면 유튜브에서 많이 소비하는 콘텐츠는 무엇인지, 연령대나 성별, 지역별로 차이가 있는지, 영상을 가장 많이 시청하는 시간은 언제인지 등 일반적인 행동에 대한 지식을 최대한 많이 얻고 시작하는 것이죠. 그리고 참여자와 직접 만나는 동안에는 로그 데이터로 알 수 없었던 사용 맥락에 관한 질문을 '실제 행동에 기반'하여 질문하는 것이 좋습니다.

❶ 가장 최근에 유튜브를 시청한 게 언제였나요?
❷ 그때 어떤 영상을 보셨나요?
❸ 그 영상을 어디서 시청하셨나요?
❹ 어떤 디바이스로 보셨나요?

이처럼 실제 행동을 먼저 상기시킨 이후에 그 행동을 언제, 어디서, 어떤 활동 이후에, 무엇으로 했는지 등 맥락을 깊게 파고들며 질문하면 실제 행동을 훨씬 더 정확하게 유추할 수 있습니다. 또 "어제는 7시에 집에서 유튜브를 봤다고 하셨는데, 보통 그 시간대에 집에서 유튜브를 시청하나요?"와 같이 참여자가 실제 한 행동과 일반적인 행동을 비교하여 물어보면 보편적인 행동에 대해서도 더욱 정확한 답을 얻을 수 있습니다.

추가 질문하기

인터뷰할 때 리서처가 많이 하는 실수는 준비한 모더레이션 가이드만을 그대로 따라가는 것입니다. 참여자의 깊은 속내를 들여다보기 위해서는 필요에 따라 유연하게 질문의 순서를 바꾸거나 준비하지 않았던 질문도 해야 합니다.

가끔은 참여자가 나중에 물으려고 계획했던 질문에 대한 답을 먼저 언급하기도 하죠. 이런 경우 참여자 의식의 흐름을 따라 질문 순서를 바꾸어 더욱 좋은 대답을 유도합니다. 또 참여자가 모순되거나 앞에서 했던 대답과는 상충되는 이야기를 하는 경우도 많습니다. 이때는 참여자의 멘탈 모델^{mental model}[1]을 더욱 깊게 이해하는 기회가 되니 절대 놓치지 말고 파고들어야 합니다.

리서처 스크래블 보드게임을 하는 가장 큰 이유는 뭔가요?

참여자 음… 일단 편안하게 할 수 있어서 좋아요. 또 도전적인 부분이 있는 것 같아요. 계속해서 기록을 세울 수 있으니까요.

여기서 대화를 끝내지 말고 참여자가 언급한 '편안'과 '도전적'이라는 키워드를 더욱 자세하게 설명하도록 추가 질문으로 대화를 이어가보세요. 참여자의 답변으로 제품이 잃어서는 안 되는 중요한 특징을 파악할 수 있고 이를 기준으로 작은 기능 등을 개발할 수 있습니다.

리서처 이 게임을 하는 이유가 편안하고 도전적이기 때문이라고 말씀하셨는데요. '편안하다'와 '도전적이다'는 상충되는 개

---

1 유저가 어떤 태스크를 수행하거나 제품을 사용할 때 가지고 있는 예상이나 이해를 의미합니다. 이러한 모델은 유저의 경험과 기대를 바탕으로 형성되며, 제품이나 서비스가 유저에게 직관적이고 쉽게 사용될 수 있도록 하는 데 중요한 역할을 합니다.

념이라는 생각이 들어요. 이 부분에 대해서는 어떻게 생각하시나요?

참여자 스크래블은 상대방과 싸워야 하는 게임이 아니잖아요. 그래서 편안하다는 느낌이 들어요. 그러면서도 계속 머리를 써서 글자 조합으로 무슨 단어를 만들지 생각해야 하고 최대한 점수를 내야 이길 수 있어서 이런 점이 저에게 도전이 되는 것 같아요.

이와 같이 미리 준비하지 않은 질문이라도 참여자의 대답을 귀담아듣고 잘 파고들면 참여자를 더욱 깊게 이해할 수 있으니 그 기회를 놓치지 마세요.

왜? 파고 또 파기

질문 후에 그 행동의 이유를 '왜'라는 질문으로 두세 번 더 깊게 파고들수록 깊은 대화를 나눌 수 있습니다. 준비하지 않은 추가 질문하기와 같은 맥락으로, 특히 제품 사용 소감을 이야기하는 순간에 파고드는 것이 중요합니다.

리서처 일주일 동안 소셜 녹음 앱을 사용해보셨는데, 앞으로도 계속 사용하고 싶으신가요?

참여자 아니요. 아마 사용하지 않을 것 같아요.

여기서 '왜'인지 질문하며 대화를 이어가보세요.

> **리서처** 그렇군요. '왜' 사용하시지 않을 것 같은지 여쭤봐도 될까요?
>
> **참여자** 앱이 전체 공개라 별로인 것 같아요.
>
> **리서처** 전체 공개인 점이 '왜' 별로라고 생각하셨어요?
>
> **참여자** 아는 사람이 볼 수도 있어서 좀 민망하니까요.
>
> **리서처** 어떤 부분이 민망하다고 느껴지세요?
>
> **참여자** 제 사소한 이야기를 시시콜콜 하는 걸 아는 사람에게 들키면 민망할 것 같아요.

파고드는 질문을 한 결과, 참여자의 답변이 소셜 앱의 공개 범위 여부 및 앱의 확산(앱이 얼마나 널리 사용되는지) 정도와 깊게 연관되어 있다는 것을 알 수 있었습니다. 이와 관련해 추가 질문을 더 이어가면 두 요소가 어떤 식으로 상호 작용하는지 알 수 있고, 이를 통해 공개 범위 설정이나 친구 추가 등의 다양한 기능을 어떻게 개발할지 더욱 자세한 방향을 탐색해볼 수 있습니다.

사용성 테스트 시 주의 사항

리서처는 참여자의 행동을 유추하기 위해 자료 화면이나 프로토타입을 준비하기도 합니다. 그중 UX 리서치에서 가장 대표적으로 사용하는 것이 사용성 테스트입니다. 주로 유저가 '검색창에서 원하는 물건 찾기', '장바구니 물건 넣기', '카드를 사용해서 구매하기' 등의 태스크task를 문제없이 수행할 수 있도록 사용성 문제를 개선하기 위한 연구 방법론입니다. 실제로 사용성 테스트를 할 때는 연구 참여자에게 특정 상황을 제공하고, 그 상황에서 주어진 태스크를 수행하도록 유도합니다. 바로 이 사용성 테스트를 할 때 주의해야 할 사항을 짚어보겠습니다.

① 태스크 디자인 시 주의 사항

앞서 말했듯 사용성 테스트를 할 때는 참여자가 어떤 행동을 할지 고려해서 태스크를 디자인해야 합니다. 예를 들어 사용성 테스트의 목표가 '웹소설 플랫폼의 오프라인 독서 경험을 개선한다'라면 이를 달성할 수 있는 하위 태스크를 디자인해서 사용성 테스트를 만들어야 합니다.

태스크 디자인 시 흔히 하는 실수 중 하나는 메뉴 이름을 직접적으로 언급하는 것입니다. 이는 유저 입장이 아닌 제품 관점으로 생각하는 것을 극명히 드러내는 예입니다. 예를 들어 앞서 말한 웹소설, 웹툰을 읽을 수 있는 플랫폼에 '마이포켓'이라는 메뉴가 있다고 가정해봅시다. 마이포켓에 웹소설을 저장해두면 인터넷에 접속하지 않은 환경에서도 작품을 읽을 수 있습니다. 그리고 참여자가 그 기능을 잘 찾고 사용하는지 테스트하고 싶습니다. 이럴 때 유저가 특정 태스크를 수행하는 과정에서 메뉴를 찾을 수 있도록 유도해야 합니다.

A 마이포켓을 사용해보시겠어요? (×)

B 지금 읽는 웹소설을 와이파이에 연결하지 않을 때도 읽고 싶다면 어떻게 하시겠어요? (○)

A처럼 마이포켓이라는 메뉴 이름을 직접적으로 말하면 이 기능을 모르는 사람도 리서처의 말을 듣고 화면에서 메뉴 이름을 찾게 됩니다. 그럼 이것은 더 이상 사용성에 대한 테스트가 아닙니다. 태스크를 디자인할 때는 참여자가 스스로 '전에 지하철에서 웹소설을 읽을 때 와이파이가 자꾸 끊겨서 불편했었지. 와이파이가 없어도 읽을 수 있도록 미리 다운로드하는 기능이 어디 있지 않을까?'라는 생각으로 제품을 사용할 수 있도록 태스크를 제공해야 합니다.

또 태스크를 디자인할 때는 유저가 실제로 할 법한 사용 패턴과 과정을 고려해야 합니다. 예를 들어 평소에 읽는 웹소설이 무엇인지, 주로 어디에서 언제 읽는지 미리 질문해서 정보를 파악한 다음 이에 맞게 상황을 묘사하면 더 좋겠죠. 또 유저의 행동 순서를 예상하며 그에 따라 태스크의 순서를 정하고, 사용 맥락을 고려하여 유사한 태스크들은 묶어서 디자인해야 합니다.

다음은 사용성 테스트 시 참여자에게 질문할 순서입니다. 어떤 질문을 먼저 하고 어떻게 태스크를 배치하는지 순서를 살펴봅시다.

▼ '마이포켓' 사용성 테스트 질문 구성 예시

도입

- 참여자의 자기소개
- 취미 등 스몰 토크 유도
- 우리 앱을 다운로드한 계기 질문
- 가장 최근에 읽었던 작품과 읽을 때의 상황 질문
- 현재 재미있게 읽고 있는 작품과 읽을 때의 상황 질문

메인 태스크

(현재 재미있게 읽고 있는 작품과 주로 읽는 시간, 장소를 바탕으로 메인 태스크 조정)

- 작품 읽기
  - 눈이 피로해서 글씨 크게 보기
- 다 읽은 후 새로운 회차 결제하기
  - 결제 시 쿠폰 적용하기
- 메인 페이지에서 비슷한 작품 검색하기
  - 검색한 작품의 무료 콘텐츠 읽기, 나중에 읽을 수 있도록 저장하기

먼저 도입의 질문들을 통해 참여자가 누구인지 이해합니다. 참여자는 우리 앱을 사용해 웹소설을 읽는 유저이기 전에 회사원, 학부모, 블로거 등 다른 사회적 역할을 수행할 수도 있습니다. 그리고 이러한 역할들이 제품을 사용할 때 영향을 미치므로 초반에는 참여자를 파악하기 위한 질문을 하고, 그 이후에 제품 사용 패턴을 파악할 수 있는 질문을 합니다. 이렇게 얻은 배경지식을 바탕으로 메인 태스크를 조정하면 참여자가 태스크를 수행하면서 실제 앱을 사용하는 것 같은 상황을 그리기가 훨씬 용이해집니다.

② 태스크 수행 테스트 시 주의 사항

태스크를 수행하는 동안 참여자는 기능을 찾지 못해 헤매거나 잘못된 경로로 빠질 수 있습니다. 이럴 때 정답을 가르쳐주고 싶은 욕구를 눌러야 합니다. 문제의 답을 알고 있을 때 문제를 푸는 사람을 마주하면 답을 알려주고 싶은 마음이 생기는 건 자연스러운 일이지만, 이 욕구를 누르지 않으면 제대로 된 테스트를 진행할 수 없습니다. 이럴 때는 태스크에서 의식적으로 한 발짝 물러나 참여자의 표정이나 자세 등을 전체적으로 조망하듯 관찰하는 것이 좋습니다. 리서처의 본분은 태스크 성공을 돕는 것이 아니라 참여자가 어떤 생각과 감정으로 태스크를 하는지 살피는 것입니다.

참여자가 리서처에게 해결 방법을 직접 질문한다면 힌트를 주기보다 질문으로 받아치면 도움이 됩니다. 예를 들어 "이거 어떻게 하는 거예요?"라고 묻는다면 "어떻게 하면 될까요? 제가 없이 혼자라면 어떻게 하시겠어요?"라고 대답해보세요.

마찬가지로 참여자가 태스크에 성공했을 때 너무 크게 반응하지 않는 것이 좋습니다. 리서처의 긍정/부정적인 피드백은 태스크를 수행하는 데 힌트가 되고, 참여자가 '아, 내가 정답을 맞혀야 하는 테스트다'라고 인식하게 만들 수 있습니다. 따라서 리서처는 피드백에 각별히 신경 써야 합니다. 특히 참여자가 하나의 태스크를 완료하는 데 오랜 시간이 걸리다 성공했을 때 자신도 모르게 강한 반응이 나오기도 하니 그럴 때일수록 더욱 주의해야 합니다.

물론 참여자가 감정적으로 심하게 동요될 만큼 태스크를 수행하지 못하는 상황에는 적절한 타이밍에 개입해야 합니다. 또 첫 태스크에 실패하여 이후 태스크를 진행할 수 없을 때는 어느 정도 생각할 시간을 준 후 예외적으로 답을 알려주고 넘어가는 것이 좋습니다. 이렇게 참여자의 피로감이 심해지지는 않았는지 감정을 잘 살피며 유연하게 테스트를 진행하는 것도 리서처의 역할입니다.

잘 듣기

이번엔 경청하는 기술에 대해 이야기해보겠습니다. 영어에서는 '듣다'라는 표현으로 'hear', 'listen' 두 가지 단어가 사용됩니다. hear은 노력하지 않아도 들리는 것을 뜻하고, listen은 주의를 기울여서 들어야 하는 것을 말합니다. 그래서 청력 테스트는 hearing test, 듣기 평가와 같이 주의를 요구하는 테스트는 listening test라고 합니다. 즉, 잘 듣기 위해서는 listen을 해야 합니다.

하지만 잘 듣는 것이 생각보다 쉽지 않습니다. 사회생활과 인간관계에서 중요한 기술로 자주 언급되는 적극적으로 듣기^{active listening}는 굉장히 어려운 기술입니다. 대화 중에 아주 잠깐 다른 생각을 하는 바람에 상대방이 무슨 이야기를 했는지 놓친 경험이 있나요? 이는 listen이 아닌 hear로 들었기 때문이죠. 저도 아직까지 인터뷰할 때 조금만 긴장을 늦추면 hear을 하게 됩니다. 그러니 잘 듣기도 배우고 훈련해야 하는 기술입니다.

참여자의 여정을 따라가기

잘 듣기는 단순히 준비한 질문에 대한 답을 듣고 다음 질문으로 넘어가는 것이 아닙니다. 참여자의 입장이 되어 그들의 생각과 논리 하나하나를 따라가는 과정을 거쳐야 합니다. 만약 몇 단계를 건너뛰거나 이해되지 않는 부분이 있다면 놓치지 말고 잘 묻기에서 배운 기술을 사용해 자세히 파고들어야 합니다. 잘 듣기 위한 기술은 잘 묻기 기술과 밀접한 관련이 있습니다.

특히 구매 과정이나 취소 과정처럼 일의 순서를 차근차근 이해해야 하는 질문을 할 때는 참여자의 여정을 따라가며 듣는 것이 중요합니다. 마치 내가 참여자가 된 것처럼 또는 참여자가 주인공인 다큐멘터리를 머릿속에 그리는 것처럼 그 여정을 따라가야 합니다. 그러다 갑자기 생략된 부분이 있다면 잠시 멈춰 서서 생략된 과정을 물어보는 것이죠. 잘 묻기 스킬에서도 말했듯이 "주로 어떤 방법으로 ○○을 하시나요?"와 같이 보편적인 행동을 묻는 질문보다는 '최근에 샀던 물건', '최근에 본 유튜브 영상'처럼 디테일한 대상을 제시하여 실제 행동을 떠올리게 하는 질문이 더 효과적입니다. 이렇게 해야 참여자가 수행했던 과정을 따라갈 수 있고, 리서처와 참여자 모두 잘 몰랐거나 별로 중요하지 않다고 생각했던 맥락적 요소가 드러납니다.

그럼 실제 사례를 통해 인터뷰 진행 방식을 살펴봅시다.

리서처 혹시 최근에 쿠팡에서 물건을 사셨나요?

참여자 네, 어제 스프레이 오일을 샀어요.

리서처 언제, 어디서, 어떻게 샀는지 자세하게 말씀해주시겠어요?

참여자 어제 저녁 9시쯤 집에서 핸드폰을 보다가 생각이 나서 쿠팡 앱에서 샀어요.

리서처 왜 갑자기 스프레이 오일을 사야겠다고 생각하셨나요?

참여자 요리할 때 오일이 얇게 발리면 좋겠다는 생각을 항상 했거든요. 그런데 인스타그램에서 마침 스프레이 오일을 사용하는 영상을 보고 사게 됐어요.

리서처 그 게시물을 어제 저녁 9시에 처음 보신 건가요?

참여자 아니요, 전에도 봤는데 어제 또 피드에 떠서 사야겠다고 생각했어요.

리서처 전에는 안 샀는데, 왜 이번에 사기로 결정하신 거예요?

참여자 음... 이전에는 살 수 있는 상황이 아니었어요. 아이랑 있었거나 밖에 있었던 것 같아요. 그런데 어제는 아이를 재우고 난 뒤에 봤어요.

리서처 그럼 9시쯤 아이를 재우고 나서 인스타그램을 보셨던 건가요?

참여자   네.

리서처   그 이후 과정을 한 단계씩 설명해주시겠어요?

참여자   아이를 재우고 나서 소파에 앉아 쉬면서 인스타그램을 보고 있었어요. 그러다 피드에 스프레이 오일로 요리하는 영상이 떴어요. 안 그래도 필요하다고 생각했는데 바로 사야겠다 싶어서 쿠팡 앱에 들어갔어요. 그리고 스프레이 오일을 검색해서 샀어요.

리서처   검색한 후에 어떤 제품을 구매할지 어떻게 결정하셨나요?

참여자   그냥 스프레이 오일을 검색하니까 상단에 추천 제품이 뜨더라고요? 그래서 그걸 장바구니에 담았고요.

리서처   혹시 다른 물건도 사셨어요?

참여자   네, 마침 먹던 탄산수도 떨어져서 그것도 같이 샀어요.

제품 구매 결정이 '쿠팡 앱으로 검색해서 샀다'로 끝날 수도 있었지만, 이렇게 추가 질문을 함으로써 참여자가 제품을 구매하기까지 과정을 구체적으로 그릴 수 있습니다. 마치 당사자가 된 것처럼 참여자가 경험한 모든 단계를 따라가며 듣고 질문했기 때문에 구매 결정에 영향을 미치는 요소(제품을 살 수 있는 상황적 조건: 실내, 아이가 자고 있음 / 물건이 필요하다는 것을 상기시키는 매개체: 인스타그램 영상)를 알 수 있었고, 제품 사용에서 우리가 몰랐던 모든 단계(저녁 9시, 아이를 재운 후, 쉬는 동안 인스타그램 영상을 통해)를 알 수 있었습니다.

마지막 순간까지 인사이트 찾아내기

마지막으로 명심해야 할 점은 '인터뷰는 끝날 때까지 끝난 게 아니다'라는 것입니다. 준비한 태스크와 질문이 끝나고 모든 것을 마무리한 후에도 인사이트를 발견할 수 있습니다. 그래서 숙련된 리서처는 질문이 끝났다고 해서 섣불리 인터뷰 녹음을 멈추지 않습니다. 참여자는 질문이나 테스트를 하는 동안 리서처의 플로를 따라오기 때문에 모든 테스트를 마쳤다고 생각할 때 자신의 진짜 속내를 드러내는 경우가 많습니다. 그렇기 때문에 몇 번이고 '마지막으로 제품을 만드는 사람들에게 꼭 하고 싶은 말이 있나요?' 또는 '마지막으로 제품 개선을 위해 하고 싶은 말이 있나요?'와 같이 못다한 말을 하도록 유도하는 것 또한 좋은 방법입니다.

"
유저의 의견을 가장
효율적으로 듣는
방법은 무엇인가요?
"

먼저, 여러분의 회사에 고객의 소리나 건의 및 불만 사항을 듣는 창구가 없다면 그 창구부터 만드는 것을 추천합니다. 또 유저 커뮤니티가 만들어질 수 있는 제품이라면 커뮤니티를 만들고 이를 통해 정기적으로 설문하는 방법도 있습니다. 리서치를 본격적으로 시작하기 이전에 이렇게 비실시간 설문 형태로 의견을 수집하는 것을 선행하면 좋습니다.

그러나 이러한 창구만으로 유저에 대한 모든 궁금증을 해결할 수 있다고 생각해서는 안 됩니다. 아무런 틀 없이 그들의 의견을 듣게 되면 그 의견을 제품에 어떻게 반영해야 할지 정리하기 어렵고, 반영할 수 없는 정보라면 정말 '효율적'이라고 보기도 어렵기 때문이지요.

따라서 앞서 언급한 창구를 마련한 후에는 우리가 꼭 알아야 할 가장 중요한 질문이 무엇인지부터 제대로 설정하고, 체계적으로 지식을 모으고 분석하는 정성 연구를 진행해보기를 권장합니다.

UX 리서처가 많은 비율을 차지하는 회사에서도 리서처 수는 절대적으로 부족하다고 느낍니다. 그러니 규모가 작거나 리서치 성숙도가 낮은 회사라면 더더욱 리서처의 일손이 부족할 것입니다. 현실적으로 모든 프로젝트를 리서치부터 시작하는 것은 사실상 불가능하다고 봐야겠죠. 따라서 어떤 리서치가 가장 큰 임팩트가 있을지를 먼저 가늠하고 선별하는 것이 중요합니다.

이를 전제한다면, 리서치 효율을 극대화하기 위해서는 시스템을 잘 구축하는 것이 중요합니다. 리서치 전 과정을 살펴보면서 어느 부분에서 시간을 줄일 수 있는지 보고 이를 시스템화하면 시간을 더 많이 단축할 수 있습니다.

보통 리서치를 할 때 가장 많은 시간이 필요한 부분은 참여자 리쿠르팅[recruiting]인데요. 리쿠르팅할 때는 행정적인 업무를 최대한 자동화할 수 있도록 시스템을 세팅해두는 것을 추천합니다. 참여자 패널을 미리 만들어 리쿠르팅 풀을 구성하고 참여자에게 발송할 이메일 템플릿, 세션 스케줄링 도구 등을 미리 준비해놓으면 시간을 많이 절약할 수 있습니다.

이렇게 리서치에 결정적이지는 않지만 꼭 해야만 하는 일들에 쓰이는 에너지를 최대한 줄여 핵심적인 일에 더 많은 시간과 에너지를 투자하세요. 이외에도 리서치 브리프, 모더레이션 가이드, 노트 테이킹 문서 등 리서치에 사용하는 문서들을 모두 템플릿화하면 문서 작성에도 시간을 아낄 수 있답니다.

PART
5

강력한 신뢰를 얻는
분석 전략

Q.

정성 연구의 결과가 정말
전체 유저를 대표할 수 있나요?

A.

정성 연구의 목적은 모든 유저를 대표하는 데이터를 얻는 것이 아니라,
특정 그룹의 견해와 시각을 연구하여 연구 결과가 그 그룹에 이전 가능한지를
판단하는 것입니다. 그래서 참여자가 타깃 그룹과 밀접한 관련이 있어야 하며
이 단계에서 타깃 그룹이 가진 특정 조건을 갖춘 유저를 신중하게 선택하는 것이
매우 중요합니다. 이들이 모든 유저를 대표하진 않지만, 우리의 주요 타깃 유저와
일치한다면 그들의 피드백이 우리가 직면할 핵심 문제를 드러낼 가능성이 크고
이 타깃 그룹에서 중요한 패턴을 찾는 데 매우 유용할 수 있습니다. 예를 들어
5명의 리서치 참여자가 동일한 문제에 대해 비슷한 피드백을 제공한다면 이들과
유사한 특성을 가진 유저 그룹도 비슷하게 생각할 가능성이 매우 높습니다.
이렇게 정성 연구를 통해 얻은 인사이트가 전체 유저에게 적용되는지 궁금하다면
나중에 큰 규모의 정량 연구를 통해 검증해볼 수 있습니다.

리서처의 주관을 적극적으로 활용하는 정성 데이터 분석 과정

"제가 지금 뭘 하고 있는지 모르겠어요."

"제가 데이터를 제대로 보고 있는지 모르겠어요."

정성 데이터 분석을 처음 시작하는 분들이 자주 하는 말입니다. 심지어 숙련된 리서처에게도 정성 데이터 분석은 어려운 작업입니다. 저 역시 박사 과정 중에 정성 데이터 분석 관련 수업만 5개 이상 수강했지만, 수업을 들을 때마다 내가 제대로 하고 있는 건지 의심이 들었답니다.

왜 정성 데이터 분석이 어려울까요? PART 3에서 살펴봤듯이 정성 데이터는 '주관'을 기반으로 합니다. 우리는 참여자가 경험하는 세상에 대해 묻고 듣습니다. 이 과정에서 나온 의견은 모두 주관적입니다. 그리고 '또 다른 주관을 가진 리서처'가 참여자의 답변 중에서 무엇이 인사이트인지, 아닌지를 구분해야 합니다. 예를 들어

"5명의 참여자 중 1명은 특정 기능이 좋다고 했고, 2명은 싫다고 했고, 나머지 2명은 그저 그렇다고 했다"라는 식의 결과는 인사이트가 아닙니다. "5명의 참여자 중 특정 기능을 긍정적으로 본 1명은 우리 제품을 오랫동안 사용했으며 대부분의 기능을 잘 알고 있는 유저였다. 나머지 4명 중 이 기능이 싫다고 한 2명은 주요 기능 몇 가지만 사용한 초기 유저였다"라는 식으로 결과에 따른 이유까지 설명할 수 있어야 합니다.

하지만 실제로 리서치를 진행하다 보면 너무 많은 결과가 나옵니다. 그렇다면 인사이트가 될 만한 결과인지 아닌지는 어떻게 알 수 있을까요? 이는 리서처가 해당 연구 분야를 얼마나 잘 알고 있느냐에 달려 있습니다. 리서처가 자신의 주관을 통해 정성 데이터를 분석하기 때문이죠. 그러나 리서처가 모든 도메인을 깊이 이해하는 것은 어려운 일입니다. 따라서 리서치 프로젝트가 시작되면 먼저 데스크 리서치를 통해 최대한 많은 것을 이해한 후에 본격적인 리서치를 시작해야 합니다. 이것이 PART 4에서 데스크 리서치를 하나의 연구 프로젝트로 만들어서 이해관계자와 적극적으로 공유하라고 언급했던 이유입니다.

리서치할 문제를 잘 이해해야만 어떤 결과가 인사이트라 불릴 만큼 중요한지, 어떤 결과는 그저 결과일 뿐인지 알 수 있습니다. 그렇다면 연구의 결과와 인사이트는 어떤 차이가 있을까요?

연구 결과와 인사이트의 차이점

"결과와 인사이트의 차이를 설명해보세요."

글로벌 빅테크 기업의 정성 UX 리서처 면접의 단골 질문입니다. 리서처라면 연구의 결과finding와 인사이트insight의 차이를 명확히 알고 있어야 합니다. 도대체 이 둘의 차이는 무엇일까요? 결과는 말 그대로 연구 분석을 통해 도출한 모든 아웃풋을 말합니다. 인터뷰나 사용성 테스트 등 연구를 디자인하면 유저에게 관련 질문을 하죠. 그리고 그 질문에 대한 답을 정리한 것이 연구 결과입니다. 하지만 인사이트는 이 결과가 왜 나왔고, 왜 중요한지를 설명하는 것입니다.

예를 하나 들어볼까요? 자신의 소소한 이야기나 팁을 공유하는 '썰풀이 & 팁 방출' 소셜미디어 앱이 있습니다. 다이어리 스터디를 통해 다양한 연령대의 유저 20명에게 일주일간 이 앱을 사용하게 했습니다. 이 기간 동안 앱을 가장 많이 사용한 유저 그룹은 20대 여성이며, 음성 일기처럼 사용할 수 있다는 것을 확인했습니다. 그러나 마지막 날 "이 앱을 앞으로 계속 사용하시겠습니까?"라는 질문에 20대 여성 모두가 "사용하지 않을 것 같다"라고 대답했습니다.

후속 인터뷰를 통해 그 이유를 알 수 있었습니다. 첫째는 아직 초기 단계의 앱이라 유저가 많지 않아 이런 곳에 "자신의 시시콜콜한 이야기를 지인이 볼까봐"라는 이유였습니다. 둘째는 "자신의 신상이 너무 알려져 범죄의 타깃이 될까 두렵다"라고 답변했습니다.

이렇게 다이어리 스터디와 후속 인터뷰를 통해 나온 데이터 속에서 패턴을 찾아 다음과 같이 정리합니다. 바로 이것이 연구 결과입니다.

- **연구 결과**: 지난 일주일간 다이어리 스터디에서 앱을 가장 열심히 사용한 그룹은 20대 여성이다. 그들의 사용 행태와 후속 설문을 통해 이 앱이 20대 여성 사이에서 '음성 일기'처럼 사용된 것을 발견했다. 하지만 '이 앱을 계속해서 사용하겠느냐'는 질문에는 20대 여성 모두가 '사용하지 않을 것 같다'라고 대답하였고, 후속 인터뷰를 통해 ①아직 초기 단계 앱이라 적은 유저 수 때문에 지인에게 사적인 이야기가 노출될지도 모른다는 불편함, ②신상 노출로 범죄의 타깃이 될지도 모른다는 두려움이 있기 때문이라고 말했다.

인사이트는 여기서 한발 더 나아가 '왜'를 조금 더 깊게 파고 드는 것입니다.

- **인사이트**: 지난 일주일간의 다이어리 스터디에서 앱을 가장 열심히 사용한 그룹은 20대 여성이다. 그들의 사용 행태와 후속 설문을 통해 이 앱이 20대 여성 사이에서 '음성 일기'처럼 사용된 것을 발견했다. 참여자에게 사례금을 지급하는 연구였다는 점을 감안할 때, 젊은 남성이나 중년 여성 또는 남성에 비해 환경에 순응하는 성향이 강하게 나타나는 젊은 여성 그룹이 이 과제를 가장 충실히 이행한 것은 어쩌면 자연스러운 결과일 수 있다. 하지만 인사이트 글로벌에서 발간된 '글쓰기 행태에 관한 조사'에 따르면 실제로 일기 쓰기는 20대 여성에게서 가장 흔히 나타나는 행동인 것으로 보고되었고, 통계청에서 발간된 '국민의 SNS 사용 행태'에 따르면 블로그 등을 비롯한 다양한 소셜미디어 사용이 가장 활발한 그룹 역시 20대 여성으로 나타났다. 따라서 이 그룹이 '음성 일기'처럼 앱을 사용할 가능성이 높다.

하지만 '이 앱을 계속해서 사용하겠느냐'는 질문에는 20대 여성 모두가 '사용하지 않을 것 같다'라고 대답하였고, 후속 인터뷰를 통해 ①아직 초기 단계 앱이라 적은 유저 수 때문에 지인에게 사적인 이야기가 노출될지도 모른다는 불편함, ②신상 노출로 범죄의 타깃이 될지도 모른다는 두려움이 있기 때문이라고 말했다. 좀 더 깊게 보면 첫 번째 이유는 나를 아는 지인들이 나를 판단할지도 모른다는 감정, 두 번째 이유는 내가 알지 못하는 사람에게 범죄의 타깃이 될지도 모른다는 두려움이다. 이 두 가지 두려움을 줄이려면 익명성을 확실히 보장하고, 앱의 기능과 메시징을 통해 신뢰를 심어주는 것이 중요하다. 특히 첫 번째 문제를 적극적으로 해결하기 위해서는 우리가 제공하는 프롬프트가 자신의 업적을 자랑하는 내용이기보다는 삶에서 느끼는 감정이나 반추에 더욱 초점을 맞추는 것이 바람직하며, 유저가 이러한 내용을 공유했을 때 더 큰 보상을 받을 수 있도록 하는 것이 좋다.

연구 결과와 인사이트의 차이가 보이나요? 인사이트에는 '왜(Why?)'와 '그래서 어떻게(So what?)'가 포함됩니다. 매우 촘촘하게 '왜?'를 설명함으로써 설득력을 높이고 '그래서 어떻게?'를 설명함으로써 행동력을 높이는 것이죠. 인사이트를 도출하기 위해서는 단순 연구 결과 이외에 리서처의 배경지식을 깊이 활용해야 합니다.

앞의 예시에서는 유저군이 처한 사회적 맥락(20대 여성 그룹이 다른 그룹에 비해 환경에 순응하는 성향이 강함), 그 유저군의 행동(20대 여성의 글쓰기 행태 및 SNS 사용 행태), 제품에 관한 이해(기능이나 프롬프트 등)가 모두 사용되었습니다.

이처럼 정성 연구 분석의 질과 깊이는 리서처가 얼마나 깊고 넓게 아느냐에 따라 달라집니다. "리서처의 주관이 너무 많이 개입되는 것 아닌가요?"하고 걱정할 수도 있습니다. 하지만 PART 3에서도 말했듯이 정성 연구에서 주관은 단점이나 피해야 할 요소가 아니라 적극적으로 이용해야 하는 리서치 프레임워크입니다. 사람마다 느끼는 주관적 현실이 다름을 적극 수용하고 이를 유저의 시각에서 바라보겠다는 결심이 바탕이 되어야 합니다. 물론 리서처가 아무리 노력해도 내가 아닌 타인이 될 수는 없죠. 하지만 우리는 그 누구보다 유저와 이해관계자들의 세계관 양쪽 모두를 잘 이해하고 어느 부분에서 이 두 세계를 이어줄 수 있는지를 가장 잘 아는 사람입니다.

정성 연구의 모든 과정에 존재하는 분석

정성 연구뿐 아니라 모든 연구에서 분석은 단순히 '분석 과정'에서만 일어나지 않습니다. 데이터 분석은 데이터를 모으고, 분류하고, 패턴을 찾는 과정입니다. 연구 질문을 통해 '이 리서치에서 무엇을 고려하고 무엇을 고려하지 않겠다'고 선을 긋는 순간부터 분석이 시작됩니다. 즉, 연구 분석은 연구 문제를 세팅할 때부터 모든 단계에 녹아 있습니다. 그렇다면 분석이 모든 단계에 어떻게 스며드는지 살펴볼까요?

① 연구 질문 설정

연구 질문을 설정하는 단계에서는 수많은 질문 중 어떤 질문과 그룹에 집중할 것인지 그리고 얼마나 깊이 볼 것인지를 결정합니다. 이는 분석의 시작입니다.

우리가 가지고 있는 질문

Q 어떻게 플랫폼의 사용성을 개선할 수 있을까?
└ 연구 질문

Q 유저가 마이포켓을 사용할 수 있을까?
Q 유저가 새로운 카테고리를 이해할 수 있을까?
Q 유저가 쿠폰을 사용할 수 있을까?

유저는 어떤 새로운 콘텐츠를 원할까?

유저에게 커뮤니티 기능이 필요할까?

유저가 저자에게 의견을 어떻게 전달하고 싶을까?

연구 질문 선정을 위한 브레인스토밍

② 리서치 세션의 활동 및 질문 정의

연구 질문을 설정했으면 리서치 세션에서 참여자에게 어떤 질문을 할지, 어떤 태스크를 요청할지를 결정합니다. 우리가 질문하고 디자인하는 모든 태스크가 참여자의 답변에 영향을 미치니 이 역시 분석의 일부입니다.

연구 질문

- 우리 웹소설 플랫폼의 사용성을
  어떻게 개선할까?

모더레이션 가이드 구조
(전반적인 질문 순서)

- 참여자 자기소개
- 웝업을 위한 질문
  - 앱을 처음 사용한 시기
  - 좋아하는 장르, 작가, 작품
- 태스크 1
  - 원하는 카테고리 찾기
  - 원하는 작품 고르기
- 태스크 2
  - 원하는 작품 체크아웃
  - 체크아웃 시 쿠폰 사용
- 태스크 3
  - 구매한 작품 마이포켓에 담기
  - 마이포켓으로 열기

테스트하고 싶은 기능 태스크

- 카테고리명 이해도
- 체크아웃 시 쿠폰 사용 가능 여부
- 마이포켓 사용 가능 여부

리서치 세션 디자인을 위한 브레인스토밍

③ 노트테이킹 및 디브리프

이해관계자에게 리서치 세션의 노트테이킹이나 디브리프를 시키면 그들의 직군과 관심사에 따라 중점적으로 말하는 것이 조금씩 달라집니다. 사람은 어떤 정보를 처리할 때 스스로 중요하다고 여기는 정보에 자연스럽게 집중하기 때문이죠. 노트테이킹을 누가 하는지, 디브리프는 무엇에 집중할지, 어디까지를 연구 범위로 볼지 정하는 것 또한 분석 과정입니다.

엔지니어 노트	• 체크아웃 페이지에서 오류 발생함
UX 디자이너 노트	• 카테고리 검색을 물어봤을 때, 메뉴를 누르지 않고 검색창에 바로 입력함 • 결제 전에 쿠폰을 보고 싶어함
PM 노트	• 마이포켓 기능을 전혀 이해하지 못함 • 작가에게 직접 질문할 수 있는 기능을 원함

각 직군의 노트테이킹 예시

④ 데이터 클리닝과 분석

흔히 생각하는 '분석'의 단계입니다. 앞의 과정을 거쳐 모은 데이터를 분석하기 좋은 형태로 정리하고, 분류하고, 패턴을 찾고, 의미를 찾는 본격적인 분석 과정입니다.

⑤ 리서치 보고

리서치 보고에서는 연구 질문과 밀접한 관련이 있고, 이해관계자가 꼭 알아야 하며, 행동해야 할 가장 핵심적인 인사이트를 보고합니다. 이렇게 무엇을 보고하고, 어떤 결과에 더 힘을 실어야 하는지 결정하는 것 또한 분석의 일부입니다. 이에 관한 내용은 PART 6에서 자세히 다룹니다.

정성 데이터를
분석하는
세 가지 방법

정성 데이터 분석에는 담화 분석discourse analysis, 내러티브 탐구narrative inquiry, 주제 분석thematic analysis, 근거 이론grounded theory 등 다양한 방법이 있습니다. 그러나 많은 분석 방법 중에서도 기본 틀은 연역적 분석deductive analysis, 귀납적 분석inductive analysis과 연역-귀납적 분석을 반복하는 반복적 분석iterative analysis입니다. 복잡하고 어렵게 느껴질 수 있지만 사실 세 가지 분석 방법은 우리가 정보를 처리하는 당연한 방식입니다.

이 세 가지 방법은 정보를 처리해 이론에 도달하는 분석 방법인데요. 연역적 분석은 일반적인 이론이나 가설에서 출발해 특정 사례에 적용하여 결론을 도출하는 방법, 귀납적 분석은 개별적 사례를 관찰해 일반적 결론이나 이론을 도출하는 방법 그리고 반복적 분석은 분석 과정에서 얻은 결과를 여러 번 반복하여 가설이나 이론을 수정하고 개선하는 방법입니다. 연구라는 과정 자체가 정보를

강력한 신뢰를 얻는 분석 전략

수집하고 소화하는 것을 설명할 수 있도록 체계화한 과정이니, 우리가 일상에서 하는 일과 크게 다르지 않습니다.

좀 더 이해를 쉽게 돕기 위해 예를 들어 볼게요. 크고 작은 조약돌과 모래가 잔뜩 섞여 있는 양동이에서 모래와 돌을 분류해야 한다고 가정해봅시다. 거름망을 가지고 작은 모래와 돌을 빠르게 분류할 수 있습니다. 모래는 거름망을 통과하고 돌은 거름망 위에 남겠죠. 이렇게 특정한 틀을 가지고 그 틀에 데이터를 분류하는 과정을 연역적 분석 방법이라고 합니다. 그리고 거름망으로 분류하는 대신 돌을 직접 보았더니 뾰족한 돌, 둥근 돌, 겹겹이 쌓인 모양의 돌 등으로 나눌 수 있었습니다. 이렇게 사전에 생각한 틀 없이 데이터를 직접 보고 패턴을 찾아 분류하는 것이 귀납적 분석 방법입니다. 마지막으로 연역적 분석 방법처럼 거름망으로 돌을 거르고, 그렇게 걸러진 돌 중에서 패턴을 찾는 귀납적 분석 과정을 반복하는 것이 바로 반복적 분석 방법입니다. 이때 분류하는 크고 작은 조약돌과 모래가 바로 데이터입니다.

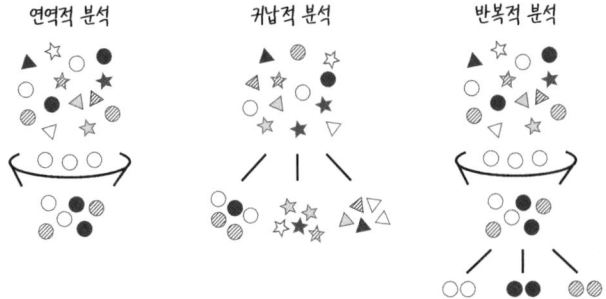

정성 데이터를 분석하는 방법별 그림 예시

거름망으로 걸러내고 모양에 따라 분류하는 것이 어떻게 데이터를
정리하고 분석하는 과정이 될 수 있는지 더 자세히 살펴보겠습니다.

연역적 분석: 거름망으로 돌과 모래를 거르기

연역적 분석법은 '거름망에 돌과 모래를 걸러내는 작업'과 같다고
했습니다. 이때 거름망은 무엇일까요? 데이터를 수집하고 분석할
때 우리가 가진 모든 틀, 구조, 가정입니다. 즉, 어떤 것을 연구하
겠다, 연구하지 않겠다고 정의하는 것이 거름망이죠. 가장 중요하
게는 연구 질문이 될 수도 있고, 모더레이션 가이드의 인터뷰 질문
이나, 노트테이킹이나 디브리프 과정에서 집중하겠다고 마음먹은
시선이 될 수도 있습니다. 이러한 행동을 통해 데이터를 솎아 내기
때문입니다.

예를 들어 "유저가 VR 골프 게임을 하는 목표와 동기는 무엇일
까?"라는 질문을 바탕으로 심층 인터뷰 리서치를 진행한다고 가정
하겠습니다. 이 질문을 바탕으로 수집된 데이터를 연역적으로 분
석한다면 몇 가지 키워드를 적용할 수 있습니다. 가장 중요한 키워
드로는 'VR 골프 게임을 처음 다운로드한 이유', 'VR 골프 게임을
통해 유저가 성취하고자 하는 목표' 등이 있으며, 이러한 키워드들
이 바로 연역적 분석의 '거름망'과 같은 틀이라고 할 수 있습니다.

귀납적 분석: 비슷한 돌을 분류하기

본격적인 분석 단계에서는 여러 번 거른 데이터를 자세히 들여다

보고 비슷한 점이 있는지, 다른 점은 없는지, 다르다면 어떻게 다른지, 모순이 있다면 이유가 무엇인지 등의 패턴을 찾기 시작하죠. 이것이 돌을 직접 들여다보고 분류하는 귀납적 분석으로, 거름망 없이 직접 데이터를 보면서 패턴을 찾는 방법입니다.

앞서 언급한 VR 골프 게임 인터뷰 리서치 사례로 다시 돌아가보겠습니다. 우리가 이미 갖추고 있는 '연역적 분석 틀' 외에도 인터뷰 데이터를 살펴보다가 모든 참여자가 같은 경로를 통해 골프 게임을 다운로드했다는 사실을 발견했다고 가정해봅시다. 이렇게 특정한 틀 없이 접근했지만, 데이터를 반복적으로 관찰하다가 패턴을 발견하는 방식이 바로 귀납적 분석입니다.

반복적 분석: 반복 또 반복하기

반복적 분석은 앞의 두 가지 과정을 반복 또 반복하는 것입니다. 데이터는 보면 볼수록 새로운 것이 나오기 마련입니다. 실제로 학계에서는 몇 시간의 인터뷰를 수개월, 수년 동안 분석해 여러 논문을 쓰기도 합니다. 그만큼 데이터를 탈탈 털어 분석하는 일은 오랜 시간이 걸립니다. 따라서 연역적 분석과 귀납적 분석을 반복하는 것이 중요합니다.

VR 골프 게임 인터뷰 리서치 예로 돌아가 'VR 골프 게임을 통해 유저가 성취할 수 있는 목표'라는 연역적 분석 틀을 적용해 데이터를 한 번 걸러냈다고 가정해보겠습니다. 이렇게 분류된 데이터를 보니 두 가지 목표로 나뉜다는 것을 발견했습니다. 첫째, 가족이나 친구와 함께 VR 골프를 하며 시간을 보내려는 경우와 둘째, 게임을 통해 신체 활동을 하려는 경우입니다. 그런데 더 깊이 분석하다 보니 첫 번째 목표 안에서도 'VR 게임을 통해 만난 친구들과 함께 플레이하는 경우'와 '멀리 사는 가족과 골프를 즐기는 경우'로 다시 세분화된다는 것을 알게 되었습니다. 이렇게 연역적인 틀로 데이터를 걸러내고, 그 안에서 귀납적 방법으로 패턴을 찾고, 이를 반복하는 방식이 바로 반복적 분석 방법입니다.

정성 분석의 끝

그렇다면 정성 분석은 언제 끝이 날까요? 글로벌 빅테크 UX 리서처 면접에 자주 등장하는 질문이기도 합니다. 이 질문에 가장 모범적이고 이상적인 답은 바로 포화점saturation point에 도달했을 때입니다. 정성 분석에서 포화점이란, 연역적 분석과 귀납적 분석의 과정을 반복해도 더 이상 새로운 패턴이나 인사이트가 나오지 않고 같은 패턴만 나오는 단계입니다.

하지만 제품 연구 과정에서는 포화점에 도달할 만큼 데이터를 분석할 시간을 가지기는 어렵습니다. 이해관계자들은 빠른 결과를 원하기 때문이죠. 따라서 '팀 스포츠'로 접근하는 자세가 필요합니다. 연구는 혼자 만들고 혼자 답을 내는 활동이 아니라 이해관계자 모두와 함께하는 과정입니다. 이러한 관점에서 정성 분석의 끝은 이해관계자가 원하는 답과 꼭 알아야만 하는 인사이트를 충분히 찾았을 때가 아닐까요?

── 빅테크 인사이드 ──

글로벌 빅테크 기업의 면접 과정을 알아봅시다.

이력서 통과 후 리쿠르터와의 통화로 서로를 알아가면서 인터뷰 과정이 시작됩니다. 이후 본격적으로 면접에 들어가는데요. 회사마다 세분화되거나 라운드를 추가하기도 하지만 크게 3단계로 볼 수 있습니다.

- **1단계 기술 면접**: 기술 면접에서는 리서치를 설계하고 수행하는 능력을 평가합니다. 주로 가상 상황을 제시하고 그 상황에서 어떻게 리서치를 진행할 것인지 질문합니다. 예를 들면 "현재 소셜 미디어 앱 회사에서 일하고 있습니다. 그런데 최근 리텐션이 떨어져 그 이유를 찾기 위해 리서치를 진행하려 합니다. 어떤 식으로 리서치를 진행하겠습니까?"와 같은 식입니다. 그리고 회사마다 차이가 있지만, 정성 연구, 정량 연구, 계량 연구 등 후보자가 선택한 방법을 바탕으로 심화 기술 면접이 진행되기도 합니다.

- **2단계 최종 면접**: 기술 면접을 통과하면 최종 면접을 합니다. 최종 면접은 짧게는 반나절, 길게는 하루를 온전히 투자해야 할 만큼 길게 진행됩니다. 최종 면접은 다음과 같은 세부 단계로 나뉩니다.

  - 리서치 포트폴리오 발표: 이전에 진행했던 리서치를 보여줍니다.

  - 심화 기술 면접: 기술 면접과 유사하지만, 더욱 이론적인 질문을 합니다. PART 3, 4, 5에서 다룬 정성 연구의 이론적인 이야기를 잘 이해하고 있다면 큰 도움이 될 것입니다.

- 프로덕트 센스 면접: '프로덕트 센스'를 평가합니다. 첫 번째 기술 면접과 유사한 가상 상황을 주고 이에 어떻게 대응하는지를 통해 리서치 능력보다는 비판적 사고 능력을 중점적으로 봅니다.

- 행동 면접: 과거 현업에서 일하면서 겪었던 문제, 인간관계에서 일어난 문제 등을 어떤 식으로 해결했는지 평가합니다.

- **3단계 팀 매칭**: 최종 면접까지 통과하면 특정 프로덕트팀과 매칭됩니다. 이 단계까지 왔다면 거의 통과한 상황입니다. 그러나 함께 일할 적절한 팀을 찾지 못하면 입사가 늦어질 수 있으므로 간과해서는 안 됩니다. 과거에 일했던 분야나 주제, 관심 있는 주제를 중심으로 팀과 지원자 간의 합을 맞춰보는 단계입니다.

강력한 신뢰를 얻는 분석 전략

모두와 함께 분석하기 - 언제, 어떻게 분석에 참여시킬까?

이번에는 이해관계자와 함께하는 팀 스포츠로서의 연구에 대해 이야기해봅시다. 앞서 몇 차례 강조했듯 UX 리서치에서 중요한 것은 이해관계자 모두가 '우리의' 리서치라고 느끼는 것입니다. 토머 샤론Tomer Sharon이 집필한 『It's our research』(모건 카프만, 2012)라는 저명한 책도 있을 정도로, 리서치의 전 과정에서 팀 모두가 함께 활동하는 것은 무척 중요합니다. 특히 정성 연구에서는 이 부분이 더더욱 중요합니다. 이해관계자가 리서치 과정에 충분히 참여하면 "이 결과가 어떻게 나온 거죠?"라는 질문이 불필요해지고 그들을 설득하려고 노력하지 않아도 스스로 보고 느끼고 체화하기 쉽기 때문입니다.

본인 업무로도 바쁜 이해관계자들을 어떻게 리서치에 참여시키냐고 의문을 제기할 수도 있습니다. 하지만 우리는 리서치의 양을 줄이고 속도를 늦추더라도 이해관계자와 함께해야 합니다. 물론 회사의 문화, 리서치 성숙도와 담당자의 위치에 따라 이 조언이 위험하게 들릴 수도 있을 겁니다. 그러나 실제로 리서치를 함께 진행했을 때 그 효과는 놀랍습니다. 이것이 PART 3에서 리서처가 '연구 여정을 이끄는 가이드'라고 말한 이유입니다. 그럼 연구의 각 단계에서 어떻게 팀과 함께할 수 있는지 살펴볼까요?

연구 디자인 과정부터 이해관계자의 피드백받기

앞서 연구 질문 선정과 연구 계획 모두 분석 과정에 포함된다고 말했습니다. 그러니 이 과정부터 당연히 이해관계자와 함께해야겠죠. 우리가 알고자 하는 질문이 무엇이고 그에 대한 답을 어떻게 활용할 것인지 리서치 브리프를 작성하는 단계는 물론이고 실제로 어떤 식으로 세션을 진행하고 디자인할지 그리고 세션에서 물어볼 질문을 모더레이션 가이드에 적을 때까지 항상 이해관계자의 피드백을 받아야 합니다. 이때 이런 의문이 들 수 있습니다.

> "연구하는 사람은 연구 전문가인데,
> 이해관계자의 피드백이 왜 필요하죠?"

이 피드백 과정에서 중요한 것은 조정과 설득이라는 것을 잊지 마세요. 피드백을 받아보면 처음에는 확실하지 않았던 이해관계자가 원하는 '진짜 질문'을 알게 됩니다. 연구의 질문과 그들이 가진 질문이 정말 일치하는지 끊임없이 조정하는 단계입니다. 또 이 단계를 통해 그들을 자연스럽게 연구에 스며들게 하므로 설득하기가 수월합니다.

모더레이션 가이드에 적힌 인터뷰 질문에 대해 피드백을 받다 보면 연구가 끝난 이후 어떤 질문을 받게 될지, 어떤 부분을 설득해야 할지 감이 오기 시작합니다. 예를 들어 이해관계자가 "유저가 어떤 제품을 쓰고 싶은지 물어봐주세요"라고 요청해온다면, 이런 식으로 직접적인 선호도를 묻는 것은 유용하지 않다는 것을 이해관계자에게 미리 알려주어야 합니다. 그리고 제품의 성공 여부를 가늠하기 위한 질문은 유저의 행동에 기반한 데이터에서 답을 얻을 수 있다는 것을 이 단계에서 미리 알려줄 수 있습니다.

리서치 인터뷰 세션 관찰, 노트테이킹, 디브리프하기

리서치를 위한 인터뷰 세션의 모든 일정이 잡히면 모든 팀원이 두 세션 이상 관찰하도록 합니다. 그리고 적어도 한 세션 이상은 직접 노트테이커로 참여하게 합니다. 두 세션 이상 관찰하게 하는 이유는 한 세션만 보고, 해당 내용이 전체 세션의 패턴이라고 오해하는 것을 막기 위해서입니다. 직접 노트테이킹에 참여시키는 이유는 단순히 관찰하는 것보다 직접 참여함으로써 집중력을 높이고 내용을 더욱 깊게 이해할 수 있기 때문입니다.

그리고 세션을 관찰한 모든 사람과 디브리프를 진행합니다. 디브리프는 가능하다면 각 세션 이후 각자 눈에 띄었던 것을 간단하게 보고하고 의견을 나누는 방식으로 진행합니다. 모든 세션이 종료된 후에 디브리프를 진행하면 앞서 본 세션이 기억나지 않거나, 하루에 여러 세션을 진행한 경우 피로도가 높아져 있으므로 디브리프는 각 세션 후 짧게 하는 것이 효율적입니다.

분석 세션 함께하기

가능하다면 분석 세션, 즉 분석을 위한 팀 미팅 시간을 함께 가지는 것이 좋습니다. 이는 사용성 테스트처럼 답을 빠르게 낼 수 있는 스터디보다 합의가 필요하고 분석에 시간이 많이 필요한 심층 인터뷰나 관찰과 같은 방법에 적합합니다.

이때 리서처는 분석 세션을 시작하기 전에 연구를 기록한 노트를 훑어보고, 녹음을 다시 들어보면서 데이터를 스티키 노트[1]로 만들어둡니다. 그리고 한 시간짜리 세션을 한두 번 잡아서 이해관계자와 함께 스티키 노트를 분류/그루핑한 다음 각 그룹의 이름을 지어봅니다. 물론 이런 방식은 리서처 혼자 분석하는 것보다 시간도 오래 걸리고 손도 많이 가지만, 이해관계자가 원시 데이터raw data를 직접 읽고 다뤄보면 추후 리서처가 전달하는 최종 연구 결과를 더욱 신뢰하게 됩니다.

저는 주로 Miro[2]나 Mural[3] 같은 디지털 화이트보드를 사용해 이런 세션을 마련합니다. 제가 어떤 식으로 분석 세션을 진행하는지는 PART 8의 '08 팀 분석'에서 자세히 다룰 예정입니다.

---

1 포스트잇과 같은 뜻으로 뒤에 나오는 Miro나 Mural에서 자주 쓰이는 기능입니다.

2 https://miro.com

3 https://mural.co

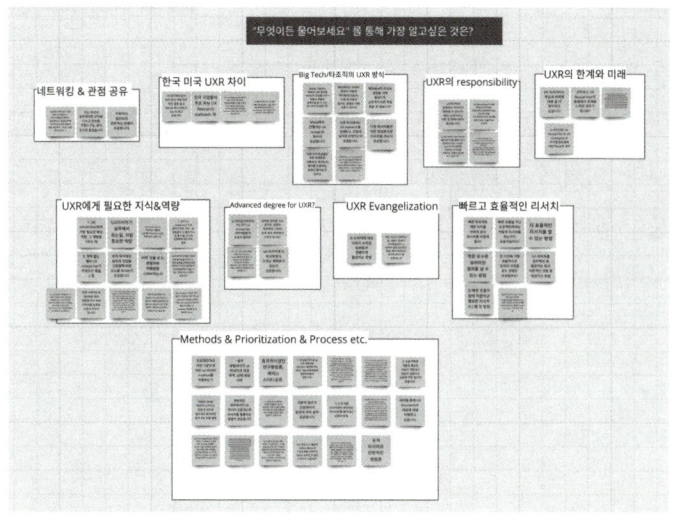

디지털 화이트 보드를 이용한 분석 세션 예시

이해관계자의 도움을 받아 인사이트 도출하기

모든 연구 결과가 인사이트가 될 수는 없습니다. 인사이트가 힘을 가지려면 행동할 수 있는 인사이트actionable insight가 되어야 합니다. 즉, 팀에게 방향성을 제시해줄 수 있어야 하죠. 하지만 직접 디자인하거나 프로덕트를 만드는 사람이 아닌 리서처 혼자서 방향성을 제시하기는 쉽지 않습니다. 이럴 때일수록 전반적인 분석 과정에서 PM, UX 디자이너 등과 일대일로 밀접하게 소통하는 과정이 필요합니다. 생각하는 방향성과 실현 가능한 역량의 균형을 잡으려면 어떤 식으로 인사이트를 도출해야 하는지 확인하고, 실현 가능성이 있는지 확인하는 등 계속해서 질문하고 조율하는 과정이 필요합니다.

저는 최종 연구 보고 이전에 PM이나 UX 디자이너 같이 제품 구현을 담당하는 이해관계자들과 미팅을 진행합니다. 그리고 이 자리에서 분석 중인 리서치의 결과를 공유하고 방향성에 대해 논의합니다. 이렇게 도출한 인사이트는 이해관계자에게 현실적으로 도움이 될 뿐만 아니라 그들이 결과에 기여했다는 심리적 투자 또한 높여줍니다.

미국 테크 기업 UX 리서처의 솔직담백 토크

"

해외 유저들의
목소리를 효과적으로
수집하는 방법이
궁금해요.

"

현재 회사의 리소스에 따라 접근 방식이 달라집니다. 리소스는 충분하지만 유저가 부족한 경우 해외 리서치 에이전시를 통해 참여자를 모집할 수 있습니다. 그러나 에이전시를 활용하는 것은 비용이 가장 많이 드는 방법이기 때문에 이외에도 User testing[4], Dscout[5], User interviews[6] 등 북미에서 널리 사용되는 유저 패널 플랫폼을 통해 참여자를 모집하고 인터뷰할 수 있습니다. 단, 이 플랫폼을 이용하면 참여자 모집과 리서치 진행 과정이 모두 쉬워지지만 라이선스를 구매하는 것이 꽤 비싸고 참여자들에게 5~10만 원 정도의 참여비를 지급해야 한다는 점을 기억하기 바랍니다. 반면 리소스는 부족하지만 해외 유저가 어느 정도 있는 경우, 그들에게 직접 연락하여 인터뷰하는 것을 추천합니다. 그러나 리서치에 사용할 리소스도 부족하고 유저도 없다면 발품을 팔아야 합니다. 우리 제품을 사용할 타깃 유저층이 있는 페이스북 커뮤니티 또는 레딧[7]과 같은 플랫폼에서 유저들이 나누는 대화를 읽고, 거기서 직접 유저를 인터뷰에 초대해 이야기를 나누는 것이 좋습니다.

[4]
usertesting.com
[5]
dscout.com
[6]
userinterviews.com
[7]
reddit.com

> "
> **타깃이 불명확할 때는
> 타깃을 어떻게
> 설정해야 하나요?**
> "

제품을 이미 사용하고 있는 기존 유저가 단 10명이라도 있다면, 그들로부터 시작하는 것이 바람직합니다. 고객의 해결 과제^{jobs to be done}(JTBD)와 같은 탐색적 리서치를 통해 이 유저들이 제품으로 해결하려는 궁극적인 문제가 무엇인지를 파악할 수 있습니다. 뿐만 아니라 이전에 이 문제를 해결하기 위해 어떤 솔루션을 가지고 있었는지, 그렇다면 어떤 점 때문에 우리 제품으로 넘어왔는지, 무엇이 티핑 포인트^{tipping point8}가 되었는지도 파악할 수 있습니다. 이를 통해 우리 제품이 절대로 놓쳐서는 안 되는 점을 알 수 있답니다.

만약 아직 개발 단계라 제품을 사용하는 사람이 없다면, 유사 제품의 유저들을 대상으로 리서치를 진행하는 것으로도 문제를 구체화하고 가정을 더욱 뾰족하게 검증할 수 있습니다. 물론 이들은 아직 우리 제품의 유저가 아니기 때문에 추후에 실제 유저를 대상으로 하는 리서치를 반드시 진행해야 합니다.

8
작은 변화나 요인이 누적되고 임계점을 넘어서면서 큰 변화를 일으키는 지점을 가리킵니다. UX 관점에서는 유저가 타 제품 또는 자신만의 솔루션으로 문제를 해결하고 있었으나 불편함이 쌓여서 마침내 다른 방법 또는 제품으로 교체해야겠다고 결심하는 순간을 말합니다.

PART
6

연구 보고, 어떻게
설득력을 높일까?

정성 연구는
이해관계자를 설득하기에
어려운 방법 아닌가요?

정성 연구는 숫자로 명확하게 요약할 수 있는 정량 연구에 비해 설득이 어려운
것이 사실입니다. 많은 정성 리서처가 이 부분에서 어려움을 겪고 있으며
제가 이 책을 쓰게 된 주요 이유이기도 합니다. 하지만 정량 연구만으로는
유저를 완벽하게 이해하기 어렵습니다. 유저의 감정과 생각을 깊이 파악하려면
정성 연구가 꼭 필요하죠. 또 설득은 단순히 리서처의 말로만 이루어지는 것이
아닙니다. 이해관계자들이 스스로 연구의 중요성을 깨닫고 준비되었을 때
비로소 설득이 가능합니다. 그래서 PART 3에서 언급했듯이, 이해관계자 인터뷰
등을 통해 그들의 입장과 니즈를 먼저 파악하는 것을 추천합니다. 또한 연구
과정에 이해관계자들을 지속적으로 참여시키고 연구 결과가 자연스럽게
노출되도록 하여 그들 스스로 연구 결과를 체화할 수 있는 환경을 조성합니다.
이 책에서 이러한 방법들을 구체적으로 설명합니다.

연구 보고를 대하는 올바른 자세

자, 분석이 끝났다면 이제 연구의 마지막 단계인 보고에 대해 이야기할 차례입니다. 하지만 그 전에 '연구 보고를 대하는 우리의 자세'를 점검해봅시다. 많은 리서처와 이야기를 나누다 보면 연구 보고를 대하는 자세에서 두 가지 주요 문제가 발견됩니다.

문제 1. 연구 보고를 마지막에 한 번만 하는 거창한 이벤트라고 생각한다

첫 번째 문제점은 연구 보고가 연구의 전 과정에서 꾸준히 이루어져야 한다는 인식이 부족하다는 점입니다. 일부 리서처는 연구가 끝난 후에야 아주 큰 이벤트처럼 마지막에 연구 보고를 합니다. 완벽주의자 성향이 강하고 리서치를 엄격하게 진행할수록 이렇게 생각하는 경향이 큽니다. 질적으로 엄격한 리서치의 중요성에 대해 오랫동안 학계 교육을 받아온 저 역시 초기에 많이 겪었던 문제이기도 하죠.

이런 방식으로 연구 보고를 할 때 생기는 가장 큰 문제는 이해관계자들이 해당 연구를 '우리의 연구'라고 느끼지 못한다는 점입니다. 리서처 혼자 모든 일을 다 한 후에 마지막에 '짠!'하고 연구 결과를 보여주면 '우리의 연구'가 아닌 '당신의 연구'라고 생각할 겁니다. 이렇게 되면 방대한 연구 결과를 한 번에 이해하기도 어렵고, 모든 과정을 면밀히 알지 못하니 설득하기도 쉽지 않습니다. 따라서 이런 연구 결과는 제대로 받아들여지기 어렵습니다.

문제 2. 세션 디브리프를 연구 보고라고 생각한다

두 번째 문제점은 첫 번째와는 정반대의 문제입니다. 각 세션 이후에 디브리프가 마치 연구 보고의 끝인 것처럼 대한다는 점입니다. 이는 리서처가 연구가 무엇인지를 잘 이해하지 못한 데서 비롯된 것입니다. 종종 4~5명의 참여자를 초대해 이해관계자가 궁금해하는 질문을 가감 없이 묻고 인터뷰를 요약하면, 그것이 보고라고 생각하는 경우가 있습니다.

그러나 연구란 '한 주제에 대한 체계적인 조사'입니다. 체계적인 조사는 모든 연구 과정에서 이루어져야 합니다. 체계적으로 데이터를 수집하고, 체계적으로 분석하고, 체계적으로 보고하는 것이죠. 단순히 몇 명의 참여자와 인터뷰를 하고 정리하는 것은 분석도, 리서치도 아닙니다. 각 세션 이후에 디브리프를 했다고 하더라도 연구를 주도하는 사람은 모든 세션 이후 결과를 체계적으로 분석해 인사이트를 찾고, 해당 내용이 이후에 잘 쓰일 수 있도록 보고서 형식으로 만들어두어야 합니다.

첫 번째 문제와 두 번째 문제의 원인은 정반대입니다. 첫 번째는 연구를 너무 엄격하게 하려고 해서 생기는 문제이고, 두 번째는 연구가 무엇이고 어떻게 하는 것인지를 제대로 모르고 급하게 진행하는 데서 발생하는 문제입니다. 올바른 연구 보고 자세는 이 두 가지 문제점에서 적절한 중간점을 찾는 것이 좋습니다. 즉, 분석과 마찬가지로 연구 보고는 연구의 전반에서 반복적으로 일어나되 체계적으로 진행해야 합니다. 이제 어떻게 하면 더욱 효율적이면서도 질 높은 연구 보고를 할 수 있을지 살펴보겠습니다.

무엇을,
언제, 어떻게
보고할까?

연구 보고가 제대로 받아들여지기 위해서는 무엇을, 언제, 어떻게 보고할지를 신중하게 고려해야 합니다. 이해관계자의 입장에서 중요하다고 생각하지 않는 내용을 바쁜 시기에, 소화하기 어려운 방법으로 보고받는다면 당연히 연구 결과를 이해하기가 어렵겠지요? 무엇을, 언제, 어떻게 이 세 가지 요소를 중심으로 연구 결과를 보다 효과적으로 전달하는 방법을 구체적으로 살펴보겠습니다.

무엇을

연구를 처음 하는 리서처가 흔히 하는 실수는 분석한 '모든' 결과를 포함한 보고서를 작성하는 것입니다. 연구 보고를 받는 이해관계자의 입장을 한번 생각해봅시다. 이들은 우리의 연구 결과 외에도 개발(엔지니어), 디자인(UX 디자이너), 프로덕트 기획 및 관리(PM) 등 자신의 직군에서 해야 할 일이 많습니다. 물론 리서치한 결과가 이들의 일에 도움이 될 것이 자명하지만, 당장 눈앞의 일을 하기에도 바쁠 때는 긴 보고서가 부담될 수 있습니다.

연구 보고는 이해관계자가 잘 소화할 수 있도록 그들의 관점에서 시작해야 합니다. 리서치 브리프를 작성하며 제품적, 사업적 방향을 파악했다면 가장 시급하고 결정적인 문제를 먼저 보여주는 것이 좋습니다. 모든 연구 결과를 보고하는 것이 아니라 그 결과가 도출된 산업적, 사회적 배경과 제품을 만드는 팀과 조직의 상황을 다각적으로 고려해 도출한 인사이트를 추려 보고하는 것입니다.

특히 당장 결정해야 하는 문제에 관한 인사이트와 그에 기반한 방향을 가장 먼저 보고해야 합니다. 그렇다고 장기적으로 고려해야 할 다른 인사이트나 결과를 보고하지 말라는 것이 아닙니다. 그런 인사이트는 리서처 본인을 위해서라도 부록에 적어두는 것이 좋습니다. 그리고 리서치 아카이브나 뉴스레터를 발간하여 이해관계자들에게 공유해주세요. 이를 통해 이해관계자들 역시 해당 인사이트의 중요성을 인지하고, 계속해서 관심을 가질 수 있도록 합니다.

언제

앞서 '리서처는 연구 여정의 가이드이므로 모든 과정의 결정을 이해관계자가 이해하고 납득할 수 있도록 이끌어주는 것이 중요하다'고 했습니다. 따라서 연구 보고도 수시로 이루어지고 연구의 모든 과정에 이해관계자를 참여시켜야 합니다. 리서치 브리프와 모더레이션 가이드를 미리 공유해 피드백을 받고, 노트테이킹을 하게 하고, 세션 이후에 디브리프를 하게 하는 모든 행동이 곧 연구의 모든 과정에 이해관계자를 참여시키기 위한 장치입니다. 또한 연구 보고 내용은 작게 나누어 소화할 수 있는 형태로 만들고 그 내용을 꾸준히 보고해야 합니다.

엄격한 연구를 하는 리서처라면 자신조차 완전히 이해하고 분석하지 않았다고 생각하는 연구 결과를 팀에 공유한다는 사실이 몹시 불편할 수 있습니다. 하지만 우리의 연구 목적은 유저에 대한 정확한 인사이트를 얻는 것뿐만 아니라 이 인사이트를 팀원들이 잘 소화하고 체화하여 실제로 사용하도록 돕는 것입니다.

어떻게

우리가 진행한 연구는 어떤 방식으로 보고해야 할까요? 연구 보고의 핵심은 이해관계자가 연구로 얻은 인사이트를 체화하도록 돕는 것입니다. 이를 위해 간단한 연구 배경이 포함된 리서치 브리프, 연구 세션을 정리한 글 또는 연구 보고서에 포함되는 참여자 인터뷰 인용문과 인터뷰 세션의 녹화 발췌본을 활용할 수 있습니다. 장기적으로는 뉴스레터 형식으로 공유하거나, 기존 지식을 새로운 시각에서 조망하는 데스크 리서치일 수도 있습니다. 이렇게만 말하면 머릿속에 잘 정리되지 않을 겁니다. 지금부터 연구의 시작부터 보고까지 과정과 연구 보고 방법을 살펴보겠습니다.

① 리서치 세션 준비 단계

리서치 세션 준비 단계에서는 각종 문서에 관한 피드백을 받아 연구 전반의 이해를 높여야 합니다. 간혹 다른 리서처에게서만 리서치 문서 피드백을 받을 수 있다고 생각하지만, 이는 큰 오해입니다. 물론 리서치 전문가는 리서처이지만 준비 단계부터 이해관계자의 피드백을 받아야 그들이 체화할 수 있습니다. 따라서 연구의 모든 단계에 이해관계자를 적극 참여시켜 연구 질문 설정부터 리서치 브리프나 모더레이션 가이드를 작성하는 전 과정에서 적극적으로 피드백을 구해야 합니다. 이를 통해 이해관계자가 걱정하는 부분이나 반대 의견을 미리 파악할 수 있고, 그들이 리서치를 받아들이고 한 발 한 발 따라오도록 유도할 수 있습니다. PART 9에서 피드백을 받는 방법에 대해 자세히 다룰 예정입니다.

② 리서치 세션 진행 단계

리서치 세션 준비 단계에 이해관계자를 포함시켰다면 적어도 한두 개의 연구 세션을 직접 관찰하고 노트테이킹을 하게 합니다. 그리고 각 세션 이후에는 짧게 디브리프 세션을 진행합니다. 이해관계자가 세션을 주의 깊게 보고 그 과정을 함께 처리하는 것만으로도 리서치 보고를 이해시키는 데 크게 기여한다는 것을 잊지 마세요. 이외에도 리서치 인터뷰 세션이 2~3일 이상 지속된다면 각 인터뷰 날에 있었던 내용을 간략히 정리해 보고하는 것도 좋습니다. 이렇게 하면 이해관계자가 참관하지 않은 세션에 대한 정보까지 얻을 수 있고 리서처도 세션을 정리하는 데 도움이 됩니다.

③ 리서치 세션 분석 단계

가능하다면 모든 세션이 끝난 뒤 함께 분석하는 시간을 마련합니다. 한두 시간만이라도 함께 분석하는 시간을 가지면 이해관계자가 연구 내용을 더욱 잘 소화할 수 있고 공동 작업이라는 느낌을 강화할 수 있습니다. 리서처가 혼자 분석할 때도 중간 보고를 통해 상황을 공유해주면 좋습니다.

④ 리서치 결과 보고 단계

본격적으로 연구 보고서를 작성할 때는 유저의 목소리를 최대한 많이 담습니다. 각 인사이트를 뒷받침할 수 있는 유저의 인터뷰 인용문, 영상 등을 추가하여 인사이트의 근거를 제시하는 식으로 구성하면 설득력이 높아집니다. 연구 보고는 꼭 직접 발표하고, 이후에 이야기를 나눌 수 있는 질의 응답 시간을 갖도록 합니다. 발표에 참여하지 못한 이들을 위해 발표를 녹화하는 것도 좋습니다.

연구 보고서 장표에는 다음과 같은 내용이 포함되어야 합니다.

- 인사이트가 잘 드러나는 타이틀
- 간결하지만 인사이트를 잘 설명해주는 요점
- 인사이트와 설명을 뒷받침해줄 자료(인터뷰 인용문, 인터뷰 녹화 발췌본)
- 앞으로 나아갈 방향이나 개선 사항 제시

인사이트가 잘 드러나는 타이틀

- 간결하지만 타이틀을 잘 설명할 수 있는 요점 1
- 요점 2
- 요점 3

"인터뷰를 뒷받침해줄 수 있는 증거가 될 만한 인터뷰 녹화 발췌본"

분쟁 골든 타임 24시간!

- 모든 참가자가 판매자 응답이 24시간 내에 올 것으로 기대
- 그 기간 내에 응답이 없을 경우, 그들은 이를 분쟁 건으로 보고함

"판매자가 연락이 없길래 바로 다음날 환불 요청을 신청했죠."

"한 이틀?정도 기다렸다가 페이팔에 신고했던 것 같아요."

참여자 3 녹화 내용

연구 보고서 장표 템플릿과 예시

⑤ 리서치 종료 단계

연구 보고가 끝난 뒤에는 모든 연구를 하나의 문서로 아카이빙 해둡니다. 리서치 성숙도가 높은 회사는 리서치를 모아둘 수 있는 저장 플랫폼[1]을 사용하기도 하지만, 개별적으로도 개인 아카이브 문서를 만들어두면 좋습니다. 비슷한 연구 문제가 제기되었을 때

---

1 리서치 리포지토리(research repository)라고 불리며 연구 결과물을 저장하고 데이터베이스화하여 키 워드 검색을 가능하게 해주는 플랫폼입니다. 잘 알려진 플랫폼으로는 Dovetail, Looppanel이 있습니다.

이를 참고할 수 있고, 연구 질문을 더욱 발전시키는 데에도 도움이 됩니다. 또 누군가 리서치 자료를 요청할 때 개인 아카이브 문서를 보내줄 수도 있습니다.

아카이브에는 다음 정보를 포함합니다.

- 연구 제목
- 연구 기간
- 연구 목표
- 연구 방법론
- 중요한 인사이트 두세 가지

연구 아카이브 문서의 예시를 살펴봅시다.

▼ 연구 아카이브 문서 예시

판매자 – 구매자 리스크 관련 리서치 저장소

제 리서치 저장소에 오신 것을 환영합니다. 아래에는 제가 지금까지 진행한 리서치의 간단한 요약과 그 리서치 관련 문서 링크가 있습니다. 필요한 자료를 찾아보시고 궁금한 점이 있다면 언제든 제게 이메일을 보내시기 바랍니다.

- **연구 제목**: 중국 판매자 – 미국 구매자 분쟁 리서치
- **연구 기간**: 2023.08.10~2023.09.20
- **연구 목표**: 전체 구매 분쟁 비율 중 중국 판매자와 미국 구매자 조합 간의 분쟁이 다른 조합에 비해 2배 가까이 많다는 것을 발견했다. 이 조합 간 구매 분쟁의 이유를 파악하고, 구매 분쟁을 예방할 수 있는 방법을 알아내기 위해 중국 판매자 10명, 미국 구매자 10명과 심층 인터뷰를 진행하였다.

- **연구 방법론**: 심층 인터뷰(1시간)
- **주요 인사이트**
  - 미국 구매자에게 가장 중요한 것은 문제가 생겼을 때 판매자와 24시간 내에 연락이 닿는 것이다. 이 시간 내 연락이 되지 않으면 미국 구매자는 바로 분쟁을 신청한다.
  - 중국 판매자에게 중요한 것은 번역 기능이 아닌 직접적으로 미국 구매자에게 연락을 할 수 있는 기능이다.

사실 이해관계자들이 아카이브를 직접 찾아보는 경우는 극히 드뭅니다. 그래서 저는 주간 또는 격주 간격으로 뉴스레터를 발간했습니다. 뉴스레터를 발간하면 본인이 속한 팀 외에 다른 팀과 조직에도 영향을 미칠 수 있습니다. 또 연구 보고에서 당장은 강조하지 않았지만, 장기적으로 도움이 될 인사이트에 대한 이해관계자들의 관심도를 높일 수 있는 기회가 되기도 합니다.

뉴스레터라고 하면 거창하게 생각할 수 있는데, 뉴스레터의 디자인보다는 어떤 정보를 얼마나 간결하게 담는지가 더욱 중요합니다. 뉴스레터에는 다음과 같은 정보를 포함하는 것을 추천합니다.

- 인사말
- 지난주 연구 활동 요약
- 앞으로 진행할 연구 활동 안내
- 다시 한번 주목하면 좋을 연구 인사이트 한두 가지

뉴스레터의 예시를 살펴봅시다.

▼ 뉴스레터 예시

[위험한 관계] 판매자 – 구매자 리스크 관련 리서치 뉴스레터 2호

안녕하세요!
지난주에 제 뉴스레터에 많은 답장 보내주셔서 감사합니다. 😊

오늘은 [위험한 관계] 2호로 돌아왔습니다. 이 뉴스레터에 있는 모든 리서치에 관해 궁금하신 내용은 제 리서치 저장소에서 더 찾아보실 수 있습니다. 그럼 이번호도 재미있게 읽으시고 언제든지 궁금한 점이 있으시면 제게 이메일 주시기 바랍니다!

* 이것만은 꼭!
지난주에 중국 판매자 – 미국 구매자 간의 분쟁 리서치 중 첫 번째 부분인 미국 구매자와의 인터뷰를 진행했습니다. 인터뷰에서 발견한 중요한 인사이트 두 가지를 공유합니다.

  – 첫째, 구매자가 우리에게 문의할 때 언제나 '즉시 환불'을 원하는 것은 아닙니다. 가끔은 그저 주문 상태만을 알고 싶을 때도 있습니다. 여기서 에밀리의 말을 들어보세요.
  – 판매자와 구매자 간의 분쟁이 있을 때 구매자에게 '즉시 환불'을 받는 것만큼 중요한 것은 그들이 '왜' 환불을 받았는지 아는 것입니다. 여기서 헬렌의 말을 들어보세요.

이렇게 뉴스레터를 발간하면 이런 리서치가 진행되었는지 몰랐던 다른 팀 사람들도 궁금한 점에 대해 문의할 것입니다. 이때 미리 준비한 아카이브를 보내주세요. 이런 식으로 연구 결과를 꾸준히 정리하다 보면 유사한 주제에 대한 식견이 쌓입니다. 그러면 이를 바탕으로 데스크 리서치 프로젝트를 만들어서 방향을 제시하는 리서치 프로젝트로 발전시킬 수도 있습니다.

미국 테크 기업의 UX 리서처들은 자신이 발견한 리서치 인사이트를 전달하려고 부단히 노력합니다. "우리는 업무 시간의 50%는 리서치에 쓰고, 나머지 50%는 리서치 커뮤니케이션에 쓴다"라고 말할 정도니까요. 많은 UX 리서처가 앞서 제가 소개한 뉴스레터, 아카이브 문서 정리 외에 다음과 같은 방법을 사용하기도 합니다.

- **인터뷰 상영회(watch party)**: 인사이트가 잘 드러나는 인터뷰 녹화 발췌본을 모아서 영화 상영회처럼 이해관계자들과 함께 시청합니다.

- **인사이트 갤러리**: 장기간 진행한 필드 리서치 또는 단일 주제로 진행한 여러 프로젝트를 정리하는 방법으로 자주 사용합니다. 작은 장소에 리서치 인사이트를 잘 보여줄 수 있는 다양한 결과물, 인터뷰 영상물, 현장에서 가지고 온 연구 수집물 등을 전시하고, 리서처는 갤러리의 큐레이터처럼 이해관계자를 이끄는 방법입니다.

- **숏폼 영상**: 요즘은 집중 가능한 시간이 줄어들면서 영상 콘텐츠의 길이도 점점 짧아지고 있죠. 그래서 리서치 인사이트를 15~60초 길이의 짧은 영상을 시리즈물로 만들어 전시하기도 합니다.

'와, 이렇게까지 해야 돼?'라는 생각이 드시나요? "내가 리서처인지 인플루언서인지 모르겠다"고 농담하는 동료도 있답니다. 과도해 보일 수도 있지만, 우리의 연구 인사이트를 이해관계자가 보고, 듣고, 완전히 체화하게 하는 것이 그만큼 중요합니다. 이해관계자에게 외면당한 리서치 인사이트는 의미 있는 변화로 이어질 수 없다는 점을 잊지 마세요!

미국 테크 기업 UX 리서처의 솔직담백 토크

"
이해관계자들에게 UX 리서치 결과물을 어떻게 전달하는 게 좋을까요?
"

가장 흔한 UX 리서치 결과물은 슬라이드 형태로 제작한 프레젠테이션 파일입니다. 그러나 여기까지 책을 읽었다면 결과물≠임팩트라는 것을 알고 있을 것입니다. 앞서 안내했듯이 결과물에만 집중하면 연구 보고를 단 한 번의 이벤트로 생각할 가능성이 있기 때문이죠. 결과물보다 중요한 것은 결과물을 통해 어떤 변화가 일어났느냐에 집중하는 것입니다. 연구 결과가 제품의 방향성에 영향을 미치기 위해서는 제품을 만드는 사람들, 즉 이해관계자에게 영향을 미쳐야 합니다.

하지만 이해관계자들은 내 프레젠테이션에 세심하게 주의를 기울일 만큼 한가하지 않죠. 그들은 자신의 일만으로도 충분히 바쁩니다. 그래서 프레젠테이션을 소화하기 쉬운 형태로 만드는 것이 중요합니다. 또한 결과를 보고하기 전에 모든 연구 과정에서 끊임없이 소통해야 합니다. 최종 프레젠테이션에서는 그들의 관심을 사로잡을 특징적인 인터뷰 인용문이나 영상을 통해 유저의 목소리를 더욱 가깝게 전달하는 것이 좋습니다.

보고를 하느냐 안 하느냐를 논하기에 앞서, 유의미한 결과가 나오지 않는 연구라면 애초에 시작하지 않는 것이 중요합니다. 제 경험에 비추어보면 리서치를 처음 시작하는 분들이 '유의미한 결과가 나오지 않았다'라고 느끼는 경우는 제품에 대한 뚜렷한 방향성을 제시하기 어려운 상황이 많았습니다.

그래서 저는 연구 자체보다 실제로 제품에 반영할 수 있는 인사이트를 찾을 가능성이 높은 연구를 선별하는 일이 더 중요하다고 생각합니다. 이를 위해 리서치 요청을 받았을 때 다음과 같은 질문을 고려해 리서치 진행 여부와 방법을 결정합니다.

- 이해관계자가 가진 질문에 대한 답을 리서치를 통해 찾을 수 있는가?
- 리서치를 통해 답을 찾을 수 있다면 우리 팀의 시간과 리소스를 고려했을 때 어떤 방법론이 가장 적합한가?

이외에도 가성비를 중시하는 저는, 이해관계자에게서 연구 결과를 적극 활용하겠다는 태도가 보이지 않으면 연구를 진행하지 않습니다. 우리가 이 연구를 왜 해야 하는지 이해관계자들을 설득할 수 있는 단계에 이르렀다면 그들도 적극적으로 참여할 것입니다. 이 경우에는 유의미하지 않은 결과가 나왔을 때 길게 보고하지 않아도, 세션 이후의 디브리프나 간단한 일대일 미팅을 통해 결과를 보고할 수 있는 상황이 되죠. 연구를 통해 내릴 결정을 가장 먼저 합의하고 리서치 브리프에 기입해야 유의미한 결과를 만들 수 있습니다.

다시 질문으로 돌아가 답하자면, 유의미한 연구 결과가 없어도 보고는 해야 합니다. 단, 가성비가 높은 보고를 해야겠죠. 이미 스케줄이 잡혀 있는 미팅 시간에 회고하는 것만으로도 충분합니다. 어떤 연구를 진행했는지, 이 연구의 결과는 무엇인지, 왜 유의미한 결과가 나오지 않았는지, 이후에 같은 일이 반복되지 않게 어떤 점을 개선해야 할지까지 설명하는 것이 리서처의 역할입니다.

"

**연구 결과를 보고
'이미 알고 있던 내용'
이라고 말하는
이해관계자를 어떻게
설득할까요?**

"

정성 연구를 하는 리서처라면 이런 이해관계자의 반응을 한 번쯤 경험해봤을 텐데요. 심리학 개념인 사후 확증 편향$^{hindsight\ bias}$이 여실히 드러나는 부분이기도 합니다. 사후 확증 편향은 일어난 일에 대해 마치 원래 모두 알고 있었다고 말하거나 생각하는 것을 말합니다.

저는 이런 반응이 나오기 전에 사후 확증 편향에 대해 미리 설명하려고 합니다. 인간이라면 이런 오류를 범하는 경향이 있기 때문에 정성 연구를 통해 얻게 될 결과에 대해 우리가 이렇게 반응할 수 있다는 것을 사전에 알려주는 것이죠.

또한 정성 연구의 또 다른 목적은 팀이 유저에 대한 지식을 공유하고 체화시키는 것임을 강조합니다. 유저에 관한 지식은 파편화되어 있고 직군에 따라 유저에 대해 알고 있는 지식의 방향이 다를 수 있습니다. 마치 장님 여러 명에게 코끼리를 만져보게 하고 코끼리가 무슨 모양인지 물었을 때, 다리를 만진 사람은 굵은 기둥, 코를 만진 사람은 가늘고 유연하게 구부러지는 모양이라고 말하는 것과 같죠. 정성 연구에서 새로운 인사이트만큼이나 중요한 것은 팀원 모두가 합의할 수 있도록 지식을 하나로 모으고 모두에게 체화시키는 것이라는 점을 재차 언급하는 것이 좋습니다.

실제로 저 또한 리서치 프로젝트 최종 발표를 마친 후 질의응답 시간에 리서치에 가장 부정적이었던 PM에게 "근데 이 결과는 사실 이전에도 다 알고 있었던 내용인 것 같은데요?"라는 질문을 받은 적이 있습니다. 그리고 저는 다음과 같이 대답했지요.

"PM님은 오랫동안 이 프로젝트에 참여하셔서 이미 많은 부분을 잘 알고 계셨을 것 같습니다. 하지만 모든 팀원이 그렇지는 않을 겁니다. 이번 프로젝트는 팀 전체가 유저에 대해 공통된 이해를 형성하도록 하는 데 목적이 있었습니다. 이 리서치를 통해 개별적으로 알고 있던 지식들을 체계적으로 정리하고 모든 팀원이 유저의 관점을 공유할 수 있게 됐습니다. 또한 직접 유저의 목소리를 듣고 그에 기반해 아키타입을 구성한 것은 단순히 지식 이상의 깊은 공감을 가능하게 합니다. 이는 앞으로 팀이 유저 중심의 의사결정을 할 때 큰 도움이 될 것입니다."

PART
7

설문 조사, 사용성 테스트, 심층 인터뷰 어디까지 해봤니?

Q.

정성 연구는
과학적이지 않고 리서처의 편견에
따라 결과가 달라지지 않나요?

A.

정성 연구는 과학적이지 않다는 오해를 받기도 하지만, 오랫동안 학계, 특히
사회과학 분야에서 중요한 역할을 해왔습니다. 20세기 초부터 인류학, 심리학,
사회학에서 인간 행동과 문화를 깊이 이해하기 위해 에스노그라피, 심층 인터뷰
등의 정성적 연구 방법론들이 발전했고 지금까지도 널리 사용되고 있습니다.
정성 연구는 리서처의 주관을 적극적으로 활용하기 때문에 편견에서 완전히
자유로울 수는 없습니다. 이는 인간의 복잡한 경험과 생각을 탐구하는 과정에서
자연스럽게 발생하는 현상입니다. 따라서 PART 3에서 다룬 리서치 패러다임,
정성 연구의 근본 그리고 에믹(내부자 관점)과 에틱(외부자 관점) 접근법을
잘 이해하고 리서처 자신의 편견이 연구에 미칠 수 있는 영향을 인지하는 것이
중요합니다. 그 후에 팀과 함께 협동적으로 데이터를 수집 및 분석하는 과정을
거친다면 편향을 줄일 수 있습니다. 이러한 과정은 정성 연구의 신뢰성을 높이고
보다 신빙성 있는 인사이트를 제공하는 데 도움을 줍니다.

설문 조사 100배 활용하기

정성 연구의 기본을 이해하고 핵심 기술인 읽고 정리하기, 묻기, 듣기만 잘해도 대부분의 정성 연구 방법론을 사용할 수 있습니다. 이번 절에서는 UX 리서치를 할 때 비용과 효율 면에서 많이 선택하는 설문 조사를 다양하게 응용하는 방법을 안내하겠습니다.

설문 조사에서 '정성'이란 무엇일까

설문 조사는 특정 주제나 유저의 경험에 대한 데이터를 수집하기 위해 다양한 질문을 통해 응답자들의 의견, 선호도, 행동을 조사하는 방법입니다. 특히 대규모 유저 그룹의 전반적인 선호도를 파악하는 데 중요한 도구입니다. 설문 조사는 정량적 UX 리서치 방법론 중 가장 대표적이고 자주 사용되는 방법이지만, 실제로 설문의 많은 부분은 '정성적' 요소를 포함하고 있습니다. 설문 질문을 작성하고, 순서를 배치하며, 각 단어나 선택지를 정교하게 고르는 모든 과정에 정성적인 접근이 필요하기 때문입니다. 뿐만 아니라 대부분의 회사에서 진행하는 설문 조사가 '통계적으로 유의미하다'라고 말하기가 쉽지 않은 것도 사실입니다.

정량적으로 엄격하고 정확도 높은 설문 조사를 진행하는 것은 비용도 많이 들고 어려운 일입니다. 실제로 많은 회사에서 진행하는 설문 조사는 통계적으로 크게 의미가 없는 경우가 허다합니다. 예를 들어 우리의 유저 또는 미래의 유저가 10만 명이라고 가정해봅시다. 이 중 100명을 조사한다면 이는 전체에서 불과 0.001%에 해당하는 표본입니다. 그렇다면 10만 명을 대표하려면 어느 정도의 표본이 필요할까요? 서베이 몽키[1]에서 제공하는 설문 조사 표본 계산기에 신뢰지수[2]는 95%, 오차한계[3]는 5%로 설정한 뒤 10만 명을 대표할 수 있는 표본을 계산해보면 383명이 나옵니다.

10만 명을 대표하는 표본이 383명이면 생각보다 적어 보입니다. 하지만 여기에는 한 가지 변수가 있습니다. 최종적으로 383명의 응답자를 얻으려면 얼마나 많은 유저에게 설문을 보내야 할까요? 설문 응답률은 설문의 종류, 사례비의 유무, 설문의 길이, 유저의 충성도 등에 따라 달라지지만, 일반적으로 20~30%를 넘기기 어렵습니다(제가 실제로 일했던 많은 회사에서는 설문 응답률이 0.5% 정도에 불과했습니다). 최고의 시나리오로 응답률이 30%

1 https://www.surveymonkey.com
2 통계학에서 사용하는 개념으로, 모집단의 특정 표본을 추정할 때 그 추정치가 실제 값과 얼마나 근접한 지를 나타내는 확률적 척도를 의미합니다. 예를 들어 95% 신뢰 수준은 해당 추정치가 모집단의 실제 값에 95%의 확률로 포함된다는 것을 의미합니다.
3 통계적 추정에서 표본 데이터가 모집단의 실제 값을 얼마나 정확하게 반영하는지를 나타내는 값으로, 추정치가 실제 값에서 벗어날 수 있는 최대 범위를 의미합니다. 예를 들어 오차한계가 ±5%라면 추정치가 실제 값에서 5% 이내의 차이로 나타날 가능성이 높다는 것을 의미합니다.

라고 가정하면 최종적으로 383명의 응답을 얻기 위해서는 적어도 1277명에게 설문을 보내야 합니다.

실제로 1277명의 유저를 찾아 설문을 보내는 것이 얼마나 어려운 일인지 설문 조사를 해본 사람이라면 이해할 겁니다. 따라서 저는 설문 조사를 더욱 정성적으로 접근할 것을 권장합니다. '설문 조사를 정성적으로 접근한다'는 것은 설문 결과로 얻은 수치만큼이나 설문에 포함된 질문과 그 구조에 더욱 많은 시간과 노력을 기울이는 것을 의미합니다. 또 유저 그룹 전체를 대상으로 하는 것이 아니라 정성 연구를 하듯 '특정 그룹'에 집중해 설문 조사를 하는 것을 의미합니다. 그럼 이제 설문 조사를 보다 효과적으로 설계하고 활용하는 방법에 대해 이야기해봅시다.

설문 조사 작성 101

설문 조사는 정량 연구의 대표적인 방법이지만, 그 설계 과정에서는 다양한 정성적인 스킬이 필요합니다. 먼저 설문을 만들기 전에는 연구 질문에 내포된 가정이나 사용된 용어들을 철저히 분석해 그에 맞는 설문 구조를 구성해야 합니다. 이는 연구 질문을 올바르게 풀어내기 위한 필수 단계입니다. 또한 각 질문이 편향되지 않도록 주의해야 하며, 질문 간 모순이 없도록 설계해야 합니다. 예를 들어 특정 답변을 유도하거나 두 질문이 상충되지 않도록 해야 신뢰성 있는 데이터를 얻을 수 있습니다. 이를 위해서는 질문의 표현 방식, 순서, 답변 옵션 하나하나를 신중하게 구성해야 합니다.

지금부터 설문지를 작성할 때 전반적으로 주의해야 할 점을 살펴보겠습니다.

① 설문지 작성 시 명심해야 할 점

- **목표부터 설정하기**: 설문을 통해 이해하고 싶은 목표가 무엇인지를 먼저 생각하고, 그에 맞게 질문을 설계합니다. 먼저 목표에 해당하는 큼직한 하위 목표들을 두고 그 아래 하위 목표를 이루기 위해 알아야 하는 질문을 작성합니다. 이후에 각 질문이 설문 목표에 부합하는지 다시 한번 비교합니다.

예를 들어 설문 조사의 목표가 '고객센터에 전화한 유저들의 만족도 이해'라고 가정해보겠습니다. 유저의 '만족도'를 이해하기 위해서는 다양한 세부 사항을 고려해야 합니다. 유저가 고객센터에 전화한 가장 큰 목적이 '문제 해결'이라는 가정하에, 문제가 해결되었다고 하더라도 과정이 복잡했다거나 시간이 오래 걸렸다면 불만족스러울 수 있습니다. 뿐만 아니라 응대한 고객센터 직원의 응대 방법이나 태도 또한 만족도에 영향을 미칠 수 있습니다. 이러한 하위 주제를 적절하게 배치하고 그에 맞는 질문을 만드는 식으로 설계합니다.

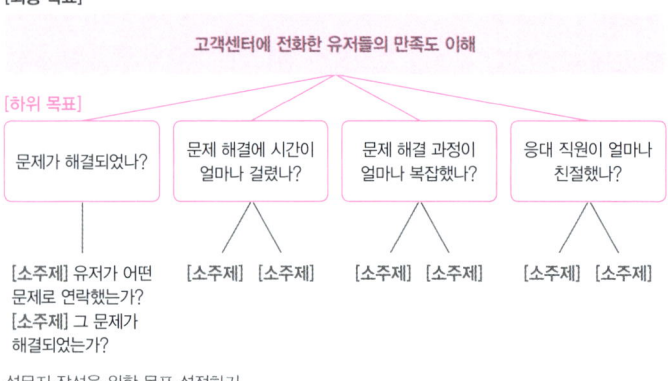

설문지 작성을 위한 목표 설정하기

- **이전 연구 결과를 바탕으로 설문 조사 만들기**: 효과적인 설문 조사를 하기 위해서는 이미 우리가 알고 있는 결과를 바탕으로 조사 질문을 설계하는 것이 좋습니다. 이전 연구 결과를 바탕으로 설문을 설계하면 질문이나 선택지의 범위가 더욱 좁고 뾰족할 수 있습니다. 또 응답자가 질문을 이해하기 쉬우므로 응답률을 높이고 더욱 정확한 결과를 얻을 수 있습니다.

- **미래보다 현재에 관해 질문하기**: 미래 행동을 예측하는 질문은 정확한 결과를 얻기 어렵습니다. 이는 설문 조사뿐 아니라 심층 인터뷰에서도 마찬가지입니다. 가장 유용하게 활용할 수 있는 방법은 과거나 현재의 행동을 바탕으로 미래의 행동을 유추하는 것입니다. 설문 조사의 방법론에서도 이러한 접근법을 활용하여 현존하는 제품에 대한 의견이나 태도, 행동에 기반한 질문을 하는 것이 더 효과적입니다.

미래 행동을 예측하는 질문	현존하는 제품에 대한 의견, 태도, 행동을 질문
• 이 제품이 출시되면 사용하실 건가요?	• [유사 경쟁 제품]을 얼마나 자주 사용하시나요? • [유사 경쟁 제품]을 사용하는 이유가 무엇인가요? • [유사 경쟁 제품]을 사용할 때 가장 불편한 점은 무엇인가요?

- **감정 측정 시 벤치마크 설정하기**: 만족도와 같은 감정을 측정할 때 하나의 설문 결과만 보여주는 것은 큰 의미가 없습니다. 설문 결과가 의미를 가지려면 동일한 유형의 이전 설문이나 다른 제품의 만족도 조사 결과와 비교해야 합니다.

하나의 설문 결과만 제시	다른 설문 조사와 비교하며 결과 제시
• 최근 실행된 고객센터 만족도 설문 결과 응답 고객의 34%가 만족했다고 답했다.	• 최근 실행된 고객센터 만족도 설문 결과 설문 응답 고객의 34%가 만족했다고 답했다. 이는 지난해 시행했던 만족도 설문 결과 29.5%에 비해 4.5% 성장한 결과다.

- **충분한 표본 확보하기**: 설문 조사의 주 목적이 정략적 활용이라면 표본이 커야 합니다. 20명에게 받는 설문 조사는 유용하지 않습니다. 이럴 경우 차라리 다른 정성 연구 방법을 사용하는 것이 더욱 효과적입니다. 예를 들어 설문 조사를 통해 스크리닝을 한 뒤 그 내용을 토대로 심층 인터뷰를 하면 훨씬 더 깊이 있는 결과를 얻을 수 있습니다. 이에 대한 설명은 다음 소절 '설문 조사를 정성적으로 활용하는 방법'에서 더욱 자세히 하겠습니다.

- **유저의 기억이 아닌 실제 데이터 활용하기**: 사람의 기억은 부정확한 경우가 많습니다. 이는 실제로 기억을 하지 못해서일 수도 있고 또는 솔직하게 대답을 하기 부끄러워서일 수도 있습니다. 따라서 가능하다면 회사 내부에서 수집하는 사용자 행동 데이터[4]를 최대한 활용하는 것이 좋습니다.

기억에 의존한 질문
• 과거에 얼마나 자주 환불 신청을 하셨나요?
• 하루에 몇 시간 정도 TV를 보시나요?

② 질문 작성 시 주의 사항

- **참여 자격을 가늠하는 질문은 앞쪽에 배치하기**: 설문에 참여할 수 없는 응답자를 빠르게 걸러냄으로써 응답자가 불필요한 시간을 낭비하지 않게 합니다.

- **질문 그룹 배치에 신경 쓰기**: 어떤 질문을 먼저 배치할 것인지 잘 고려해야 합니다. 포괄적인 질문에서 시작하여 세부 사항을 묻는 질문으로 이동하도록 설계하고, 편견이 생길 수 있는 질문은 피해야 합니다.

---

4 사용자 행동 데이터는 유저가 제품을 어떻게, 언제, 얼마나 자주 사용하는지를 기록한 데이터입니다. 이 데이터는 클릭, 스크롤, 페이지 이동 등의 사용 행동을 시간순으로 기록하며 사용자 행동을 분석하고 제품 개선에 필요한 인사이트를 도출하는 데 활용됩니다.

- **'동의' 또는 '비동의' 질문은 신중하게 사용하기**: '동의한다'와 '동의하지 않는다'의 선택지는 왜곡을 일으킬 수 있으므로 신중하게 사용해야 합니다. 보통 다른 사람의 의견에 동의하지 않는 것은 동의하는 것보다 더욱 어렵다는 것을 잊지 마세요.

- **선택지 섞기**: 사람들은 일반적으로 먼저 나열된 옵션을 선택하는 경향이 있어 앞쪽에 배치한 선택지의 응답률이 높은 편입니다. 따라서 만족도나 동의 수준과 같이 점진적인 척도를 나타내야 하는 질문이 아니라면 선택지의 순서를 무작위로 지정하여 설문 조사에 참여하는 사람마다 다르게 보이도록 하는 것이 가장 좋습니다.

섞지 않은 선택지	섞은 선택지
고객센터의 서비스에 얼마나 만족하시나요? 1. 매우 불만족 2. 불만족 3. 보통 4. 만족 5. 매우 만족	배달 앱을 자주 사용하시나요?('기타'가 옵션에 포함된 경우 다른 선택지는 무작위로 섞고 기타는 맨 마지막에 배치함) 1. 쿠팡이츠 2. 배달의 민족 3. 요기요 4. 기타

- **한 번에 한 가지씩 묻기**: 한 질문지에 두 가지 이상의 질문을 포함하면 응답자는 어떤 질문에 답해야 할지 혼란스러워집니다. 두 가지 질문에 대한 답을 하나로 통합해야 하기 때문에 응답의 정확성을 떨어뜨릴 수 있습니다. 명확한 답변을 얻기 위해서는 한 번에 한 가지씩 질문하세요.

- **적절한 질문 수 유지하기, 서술형 질문 최소화하기**: 설문 조사를 설계할 때, 특히 스크리닝 설문은 질문 수가 많아지면 조사 시간도 길어지고 응답률도 떨어집니다. 또 서술형 질문은 완료율을 낮출 수 있으므로 반드시 필요한 질문인지, 단답형이나 객관식으로 변경할 수 있을지 고려합니다.

지금까지 살펴봤듯이 설문 조사는 단순히 궁금한 질문을 모두 던지는 연구 방법이 아닙니다. 질 높은 응답을 얻기 위해서는 앞에서 설명한 것처럼 고려해야 할 사항도, 주의해야 할 점도 많습니다.

때로는 설문 조사가 유용하지 않을 때도 있습니다. 예를 들어 유저 또는 유저의 사용 맥락에 대해 깊이 있는 이해가 필요하다면 다른 정성 방법론을 사용하는 것이 더욱 효과적입니다.

설문 조사를 정성적으로 활용하는 방법

설문 조사를 '정성적'으로 활용한다는 것은 단순히 설문 조사 결과를 수치적으로 분석하는 정량적 접근이 아닌, 정성 연구의 도구로 사용하는 것을 의미합니다. 예를 들어 때 스크리닝 설문[5]을 통해 정성 연구에 적합한 응답을 선별하거나, 다이어리 스터디에서 서술형 중심으로 질문하여 응답자의 경험이나 감정을 깊이 탐구하는 방식이 이에 해당합니다.

① 스크리닝 설문

거의 모든 정성 연구는 설문으로 시작됩니다. 인터뷰를 하든 관찰 연구를 하든 일단 리서치하려는 참여자의 프로필에 가장 적합한 사람을 찾기 위해 스크리닝 설문을 사용하기 때문입니다. 정성 연구에서는 '우리의 연구 질문에 답해줄 수 있는 참여자'를 찾는

---

[5] 스크리닝 설문은 연구 대상자 중 특정 기준을 충족하는 사람들을 선별하기 위해 설계된 질문들로 구성된 설문 조사입니다. 이 설문은 연구에 적합한 참여자를 필터링하여 이후 연구 단계에서 더 정확하고 관련성 높은 데이터를 수집하는 데 도움을 줍니다.

것이 중요하므로 스크리닝 설문을 잘 만드는 것 또한 매우 중요합니다. 스크리닝 설문이 잘못되어서 우리가 가진 연구 질문에 답을 해줄 수 없는 사람이 인터뷰에 초대된다면 이 연구는 실패한 것이나 다름없기 때문입니다. 앞에서 살펴본 전반적인 설문 조사 작성법 이외에도 어떤 것을 고려할 수 있는지 살펴봅시다.

- **짧게 구성하기**: 적절한 스크리닝 설문 분량은 5분 이내에 완료할 수 있는 정도입니다. 스크리닝 설문 조사가 짧을수록 더 많은 응답자를 유치할 수 있어 인터뷰에 초대할 수 있는 응답자의 풀이 늘어납니다. 스크리닝 설문이 길어지면 그만큼 응답자의 수도 줄어들고 자연히 인터뷰에 초대할 수 있는 사람의 수도 줄어들기 때문에 스크리닝 설문은 길이가 특히 중요합니다.

- **필터링 질문으로 시작하기**: 참여 대상을 걸러내는 질문은 앞쪽에 배치합니다. 자격을 갖춘 응답자를 신속하게 식별하고 양측 모두의 시간을 낭비하지 않게 하는 것이 좋습니다.

- **서술형 질문 포함하기**: 다지선다형 이외에 정성적으로 자신의 경험을 설명할 수 있는 1~3개의 서술형 질문을 추가합니다. 이러한 정성 질문은 응답자의 경험을 조금 더 깊게 이해하는 데도 좋지만, 이 응답자를 인터뷰에 초대했을 때 얼마나 대답을 잘 해줄지 가늠하기에도 좋습니다. 하지만 정성 질문이 많아질수록 전체 응답률이 떨어지기 때문에 서술형 질문은 최대 3개 이하로 개수를 제한하는 게 좋습니다.

- **인터뷰 모더레이션 가이드 수정하기**: 스크리닝 설문 조사 결과에서 흥미로운 점이나 새로운 사실을 발견하면 이를 반영해 인터뷰 모더레이션 가이드를 수정하세요. 스크리닝 설문 결과와 인터뷰 결과를 모두 활용할 수 있기 때문에 더욱 설득력 있는 리서치를 할 수 있습니다.

② 다이어리 스터디

다이어리 스터디는 참여자들이 특정 기간 동안 진행한 활동, 경험, 감정 등을 기록하는 방법입니다. 리서처는 이를 통해 유저가 특정 제품이나 서비스를 어떻게 사용하는지, 어떤 맥락에서 어떤 감정을 느끼는지를 알 수 있습니다. 다이어리 스터디는 실제 제품을 사용하는 유저의 경험을 이해하고 자연스러운 행동을 관찰하는 데 유용합니다.

또 다이어리 스터디에서 유저에게 제시한 과제를 설문 조사지처럼 디자인하여 설문 조사를 정성적으로 활용할 수 있습니다. 다이어리 스터디는 참여자의 수가 클수록 응답을 받기도, 분석하기도 어려우므로 질문지를 설계할 때 정성적인 측면에서 적은 수의 참여자로부터 깊은 인사이트를 얻을 수 있도록 디자인하는 것이 중요합니다.

다이어리 스터디는 보통 적은 수의 참여자(약 10~30명)를 대상으로 짧게는 3~5일에서 길게는 2~4주까지 응답을 받습니다. 다이어리 스터디의 장점은 비대면으로 참여자의 일상을 들여다볼 수 있다는 점입니다. 이 장점을 활용하기 위해서는 날짜별 테마를 정하고 해당 테마에 맞는 데이터 형태를 고려하여 그날의 태스크에 관한 질문을 디자인하는 것이 좋습니다. 따라서 질문뿐만 아니라 날짜별 테마를 잘 정하는 것도 중요합니다.

다이어리 스터디의 또 다른 장점은 다양한 형태의 데이터를 모을 수 있다는 것입니다. 그림을 그리게 하거나 셀피 비디오를 녹화하게 하거나 사진을 찍게 하거나 긴 질문에 답하게 하는 등 다양한 형태의 응답을 요청할 수 있습니다. 단, 참여자들이 지치지 않도록 주의해야 합니다. 길게는 4주까지 오랜 기간 동안 참여해야 하므로 지나치게 복잡한 형태의 데이터를 자주 요청하면 응답률을 현저히 떨어뜨릴 뿐만 아니라 리서처가 데이터를 분석할 때도 어려운 요인으로 작용합니다. 따라서 셀피 비디오나 사진을 찍는 것은 꼭 필요한 경우에만 하는 것이 좋습니다.

지역 커뮤니티 다이어리 스터디

Day 1	**Day 2**	**Day 3**	**Day 4**	**Day 5**
내가 사는 지역 참여도	우리 동네 공공기관 검색	우리 동네 맛집, 행사 검색	우리 동네에서 중고품 사고 팔기	우리 동네 친구 사귀기

다이어리 스터디의 일자별 테마 구성

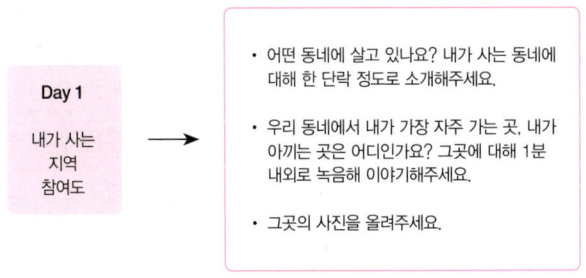

Day 1

내가 사는 지역 참여도

→

- 어떤 동네에 살고 있나요? 내가 사는 동네에 대해 한 단락 정도로 소개해주세요.

- 우리 동네에서 내가 가장 자주 가는 곳, 내가 아끼는 곳은 어디인가요? 그곳에 대해 1분 내외로 녹음해 이야기해주세요.

- 그곳의 사진을 올려주세요.

다이어리 스터디 첫째 날 설문지 예시

사용성 테스트 100배 활용하기

UX 리서치에서 가장 자주 사용되며 가장 널리 알려진 방법론이 바로 '사용성 테스트'일 것입니다. 사용성 테스트는 제품이나 앱이 유저 입장에서 사용하기 편한지를 테스트하는 연구 방법입니다. 실제로 사용 가능한 라이브 제품이나 출시 직전의 제품, 초기 단계의 목업mock up 등으로 사용성 테스트를 진행합니다. 이때 참여자에게 제품을 주고 테스트를 하는 동안 참여자가 보고 생각하는 것을 말하도록 유도하는 사고구술법think-aloud protocol을 사용합니다. 사용성 테스트의 가장 큰 장점은 참여자가 제품을 실제로 사용하는 동안 행동을 관찰할 수 있고, 추가 질문을 통해 더 깊은 생각이나 의견을 파악할 수 있다는 점입니다. 따라서 사용성 테스트는 진행자가 있느냐 없느냐에 따라 진행 방법이 달라집니다.

진행자가 있는 사용성 테스트와 진행자가 없는 사용성 테스트는 서로 다른 목적과 장점이 있으므로 연구 목표 및 투자 가능 시간,

리소스 등을 고려해 선택합니다. 진행자가 있는 사용성 테스트는 진행자가 실시간으로 참여자의 행동을 관찰하고 상황에 따라 추가 질문을 던질 수 있기 때문에 참여자의 행동이나 감정을 정성적으로 깊이 이해해야 할 때 특히 유용합니다. 반면, 진행자가 없는 테스트는 리서처의 개입 없이 참여자 스스로 과제를 수행하며, 이 과정에서 발생하는 데이터를 자동으로 수집합니다. 주로 온라인 플랫폼을 통해 진행되고 대규모 사용자 행동 데이터를 얻어 문제의 빈도를 파악하거나 통계적 유의성을 확인하는 데 적합합니다.

즉, 진행자가 있는 테스트는 개인화된 정성적 인사이트를 얻는 데 강점이 있는 반면, 진행자가 없는 테스트는 시간과 비용 효율성이 높고 대규모 정량적 데이터 수집에 유리합니다. 그럼 테스트 방법에 따라 어떤 점이 달라지고 무엇을 주의해야 하는지 자세히 살펴보겠습니다.

진행자와 함께하는 사용성 테스트

사용성 테스트를 할 때 진행자가 함께하면 참여자의 실시간 반응을 확인하고 대응할 수 있습니다. 참여자의 반응이 확실하지 않을 때 추가 질문을 하거나, 제품의 오류나 참여자가 겪는 어려움에 신속하게 대처할 수 있다는 장점도 있습니다. 또 사고구술법에 익숙하지 않은 참여자가 자신의 생각을 말로 표현하도록 유도하여 응답의 질을 향상시킬 수 있습니다.

진행자와 함께하는 사용성 테스트는 소수의 참여자에게서 깊이 있는 인사이트를 얻는 것을 목표로 합니다. 보통 5~6명의 참여자를 모집해 리서치를 진행하는데, UX 리서치라고 하면 '참여자 5명'을 자동으로 떠올리는 이유도 여기에 있습니다. 이는 참여자 5명만으로도 전체 사용성 문제의 80% 이상을 발견할 수 있으며 그 이상 참여자를 늘릴 경우 비용 대비 효과가 떨어진다는 연구 결과[6]에서 비롯되었습니다. 적은 수의 참여자에게서 깊이 있는 인사이트를 찾아 크게 수정해야 하는 경우가 많으므로, 이 방법은 젠 카델로의 모델에서 주로 3단계인 '올바른 방법으로 제품 완성' 단계의 초반에 많이 활용됩니다.

진행자와 함께하는 사용성 테스트에서는 진행자의 역할이 무척 중요합니다. 앞서 사용성 테스트의 장점이 '참여자의 행동을 볼 수 있다'는 것이라고 했습니다. 하지만 이때 보여주는 참여자의 행동은 실제 상황이 아닌, 리서처가 제공한 가상 시나리오 안에서의 행동이기 때문에 참여자가 제품 사용의 맥락을 잘 이해할 수 있도록 웜업warm-up을 하는 것이 중요합니다. 사용성 테스트의 성공 여부는 간단해 보이는 웜업 질문만으로도 결정될 수 있다는 사실을 잊지 마세요.

사고구술법을 사용하는 경우 태스크를 완료하기까지의 시간이 왜곡될 확률이 높습니다. 그래서 이때는 정확히 몇 분, 몇 초가 소요되었는지 측정하기보다는 참여자가 어떤 어려움을 겪는지, 어떤 생각을 하는지를 이해하는 데 우선순위를 두는 것이 좋습니다.

....

6 https://www.nngroup.com/articles/why-you-only-need-to-test-with-5-users

진행자가 없는 사용성 테스트

진행자 없이 Maze 또는 UserZoom, dscout와 같은 리서치 플랫폼을 이용하여 사용성 테스트를 할 수도 있습니다. 진행자가 없는 사용성 테스트에서는 참여자가 자유롭게 제품을 사용하도록 하고, 그 과정을 관찰하며 기록합니다. 사용성 테스트를 진행하기 전에 참여자가 쉽게 읽고 이해할 수 있는 시나리오와 과제를 준비합니다. 참여자는 이에 따라 제품을 자유롭게 사용합니다. 보통 이때에도 사고구술법을 사용하도록 권장해 참여자가 어떤 생각을 하고 특정 행동을 한 이유가 무엇인지 파악하고 이 과정을 모두 녹화또는 녹음합니다. 과제가 끝난 후에는 해당 과제에 대한 생각이나의견을 나누도록 하는 것이 좋습니다. 이렇게 얻은 데이터를 분석하여 제품 개선에 필요한 인사이트를 도출합니다.

진행자 없이 사용성 테스트를 할 때는 리서처가 세팅해둔 테스트에 일정 기간 동안 자유롭게 참여할 수 있어서 더 많은 사람이 참여할 수 있다는 장점이 있습니다. 하지만 참여자가 진행자 없이 테스트를 혼자 진행하면 그만큼 집중도가 빨리 떨어지고 태스크를 잘못 이해하거나 어려움에 맞닥뜨려도 가이드를 줄 수 없다는 단점이 있습니다. 따라서 진행 시간을 5~10분 정도로 짧게 잡고, 실패해서 사용할 수 없는 데이터를 고려해 참여자 수를 많이 잡는 것이 좋습니다. 적어도 20명 이상, 가능하다면 더 많은 수의 참여자데이터를 보는 것을 권장합니다.

진행자가 없는 사용성 테스트는 출시 직전에 작은 기능의 사용성을 빠르게 이해하고 싶을 때 유용합니다. 테스트 플로가 10분 이상 넘어가거나 복잡하면 답변의 질이 급격히 떨어지므로 간단한 기능이나 콘텐츠의 빠른 검증이 필요할 때 가장 적합합니다.

진행자가 없는 사용성 테스트는 리서치를 전문적으로 하지 않는 사람에게도 접근하기 쉬운 방법입니다. 실제로 UX 리서처가 있는 테크 회사에서도 UX 디자이너나 PM에게 이 업무가 이임되기도 합니다. 리서치 범위를 최소화하고 리서처가 모더레이션 가이드와 과제를 검토해주면 UX 디자이너나 PM도 직접 테스트를 주관하고 이후에 데이터를 직접 관리하기도 더 수월해지기 때문입니다.

또한 진행자가 없는 사용성 테스트는 실제 상황에 더 가깝게 진행되어 과제 성공률, 오류율, 과제 완료 시간과 같은 정량적인 데이터를 수집하는 데 더 유리합니다. 다만, 의미 있는 정량 데이터를 얻기 위해서는 최소 20명 이상의 참여자 데이터를 확보하는 것이 좋습니다. 또 테스트가 10분 이상 지속되거나 복잡해지면 응답의 질이 급격히 떨어지므로 간단한 기능이나 콘텐츠 검증이 필요할 때 이 테스트가 더욱 적합합니다. 반면, 유저가 태스크를 수행할 때 '왜' 그렇게 결정을 내렸는지 깊이 이해하기에는 한계가 있기 때문에 심층적인 이해가 필요할 때는 진행자가 있는 사용성 테스트를 진행하는 것이 좋습니다.

인지적 시찰법

인지적 시찰법cognitive walkthrough은 유저 없이 진행하는 연구 방법으로, 주로 제품을 만드는 데 관여하지 않은 회사 내부 사람이 유저 대신 참여합니다. 진행자가 사용성 테스트를 진행하는 것과 마찬가지로 특정 시나리오를 주고 태스크를 실행합니다. 그리고 제품을 만든 사람, 시니어 리더 등의 패널들이 이를 지켜보는 것이죠. 제품에 대한 이해가 깊은 회사 내부인이 참여하기 때문에 사용성 테스트를 완전히 대체할 수는 없지만, 인지 시찰 과정을 살펴보면서 사용성 테스트를 진행하기 전 더욱 질 높은 사용자 경험을 만들 수 있습니다. 페이팔, 마이크로소프트 등의 빅테크 기업에서 흔히 사용하는 방법으로, 실제로는 사용자 경험 리뷰experience review라는 이름으로 인지적 시찰법을 사용합니다.

인지적 시찰법의 가장 큰 장점은 다른 사용성 테스트 방법에 비해 훨씬 적은 시간과 비용으로 큰 문제를 빠르게 해결할 수 있다는 점입니다. 하지만 다시 한번 강조하지만 이 세션에 참여하는 사람은 실제 유저가 아니므로 사용성 테스트를 완전히 대체할 수는 없습니다.

많은 회사에서 '사용자 경험 리뷰'라는 명칭으로 인지적 시찰법을 사용합니다. 사용자 경험 리뷰는 일반적으로 UX 디자이너, PM, 시니어 리더 등이 참여하여 전반적으로 개선된 사용성 경험에 대한 피드백을 제공하는 방식으로 이루어집니다.

페이팔에서 근무하는 동안 사용자 경험 리뷰를 정기적으로 진행했고, 시니어 리더들도 중요하게 생각하여 항상 참여했기 때문에 UX 디자이너, 리서처를 비롯한 많은 사람이 긴장하며 준비하곤 했답니다. 하지만 사용자 경험 리뷰가 사용성 테스트를 대체하는 경우는 거의 없습니다. 이미 사용성 테스트를 거쳐 어느 정도 다듬어진 제품을 리뷰하여 더욱 완성도 높은 제품을 만들 때 유용합니다.

심층 인터뷰 100배 활용하기

심층 인터뷰(IDI)는 유저의 경험, 생각, 감정 등을 깊이 이해하기 위해 진행하는 1:1 인터뷰 방식입니다. 주로 새로운 제품 개발 초기 단계에서 유저의 요구 사항을 파악하거나 기존 제품의 사용성을 개선하기 위한 인사이트를 얻을 때 활용합니다. 참여자와의 깊이 있는 대화를 통해 표면적인 행동 뒤에 숨은 동기나 감정을 파악할 수 있다는 것이 가장 큰 장점입니다. 또한 인터뷰 과정에서 예상치 못한 통찰이나 새로운 아이디어를 발견할 수 있어 설문 조사나 다른 정량적 방법으로는 얻기 어려운 정성 데이터를 수집하는 데 효과적입니다.

심층 인터뷰는 널리 사용되고 누구나 비교적 쉽게 진행할 수 있다는 이유로 종종 평가절하되기도 합니다. 하지만 제대로 된 심층 인터뷰는 제품, 마케팅, 세일즈 관련 문제의 반 이상을 해결할 수 있습니다. 이번 절에서는 바로 이 심층 인터뷰를 다양하게 활용하는 방법을 살펴보겠습니다.

Jobs-to-be-Done

Jobs-to-be-Done(JTBD)은 고객이 우리 제품을 통해서 이루고자 하는 궁극적인 잡^{job}(유저가 특정 상황에서 해결하고자 하는 문제나 니즈)이 무엇인지를 이해하는 프레임워크입니다. 하버드 경영 대학원 교수인 클레이튼 크리스텐슨^{Clayton M. Christensen}이 『일의 언어』(알에이치코리아, 2017)라는 책을 통해 이 프레임워크를 알리기 시작한 이후 세일즈, 마케팅, 제품 제작 등 다양한 팀에서 널리 활용되고 있습니다. 이 방법론만 제대로 활용해도 여러분의 많은 궁금증과 불확실성을 해결할 수 있습니다.

가장 널리 알려진 JTBD의 케이스 스터디로 맥도날드의 밀크셰이크가 있습니다. 맥도날드 직원들이 밀크셰이크의 새로운 맛을 개발하기 위해 회의실에 모였다고 합니다. 브레인스토밍을 아무리 해도 발전이 없어서 맥도날드 매장으로 필드 스터디를 나갑니다. 그리고 흥미로운 점을 발견하게 되는데요. 밀크셰이크는 대부분 오전 7시 30분 이전 이른 아침에 트럭 운전사들이 구매한다는 점이었습니다. 트럭 운전사를 인터뷰하여 이들이 밀크셰이크를 사는 이유를 확인하자 장거리 운전을 앞두고 허기를 채울 수 있고, 먹기 편하고, 또 너무 빨리 없어지지 않아 장거리 운전의 심심함을 달래주기 때문이라는 사실을 확인할 수 있었습니다.

이것이 밀크셰이크의 잡이라면, 이 잡을 두고 경쟁할 상대는 다른 패스트 푸드점의 밀크셰이크뿐 아니라 바나나, 초콜릿바, 베이글, 도넛 등 아침에 간단한 끼니를 해결할 수 있는 메뉴로 넓어집니다.

설문 조사, 사용성 테스트, 심층 인터뷰 어디까지 해봤니?

이와 반대로, 같은 밀크셰이크라도 아침에 판매되는 밀크셰이크는 아이와 함께 맥도날드를 방문한 아빠가 구매하고자 하는 밀크셰이크와는 전혀 다른 잡을 합니다.

이렇게 유저가 이루고자 하는 잡을 중심으로 제품을 설계하면 더욱 궁극적인 방향으로 제품을 개선할 수 있습니다. 예를 들어 아침에는 밀크셰이크만을 위한 드라이브 스루drive-thru를 만들거나, 좀 더 오래 먹을 수 있도록 좁은 빨대를 제공하거나, 오랫동안 포만감을 주고 심심함을 해소할 수 있도록 씹을 수 있는 내용물을 넣을 수도 있습니다.

JTBD는 다른 대안책 대신 우리 제품을 선택한 이유가 무엇인지를 깊게 파고들어 유저가 선택한 우선순위를 파악합니다. 그리고 이렇게 알게 된 우선순위를 마케팅이나 세일즈 문구 전면에 세워 다른 유저를 우리 제품으로 넘어오도록 유도할 수도 있습니다.

JTBD를 파악하기 위해서는 유저가 어떤 상황에서 이 제품을 사용했는지, 어떤 사고 과정과 감정을 통해 이런 결정을 내렸는지를 깊게 파고드는 심층 인터뷰를 진행합니다. 이 인터뷰를 할 때는 일반적인 행동보다는 실제 했던 행동을 떠올리듯이 질문하는 것이 더욱 효과적입니다. 또 별로 관련이 없어 보여도 세부적인 상황이 중요한 경우가 많으므로 그런 부분까지 신경 써서 질문을 하는 것이 좋습니다.

다음은 PART 8의 케이스 스터디에 등장하는 가상 앱 '리얼북'을 중심으로 작성한 JTBD 모더레이션 가이드입니다. 질문들을 살펴보면 실제로 '가장 최근' 제품을 사용했던 순간의 상황과 맥락을 매우 구체적으로 묻고 있습니다. 또한 그 상황에서 제품이 가능하게 해준 '일'을 대체할 수 있는 차선책에 대해서도 질문함으로써 '제품'이 유저에게 어떤 의미인지를 유저가 직접 인지할 수 있도록 설계했습니다.

▼ JTBD 모더레이션 가이드

도입 질문
- 간단하게 자기소개를 해주시겠어요?
- 취미 생활을 하고 싶거나 무료할 때는 무엇을 하시나요?
- 웹소설을 많이 읽는다고 하셨는데 주로 어떤 장르를 읽으세요?

[답변에 따라 감정적 동기를 이끌어낼 수 있는 질문하기]
- 웹소설을 얼마나 자주 읽으세요?
- 어떤 앱을 많이 사용하시나요?
- 왜 그 앱들을 사용하세요?
- (여러 옵션이 나온 경우) 어떨 때 A를 사용하고 어떨 때는 B를 사용하시나요?

'첫 선택'의 순간
- 리얼북은 어떻게 처음 알게 되었나요?
- 리얼북을 알게 되자마자 다운로드받으셨나요?
- 다운로드받았던 때가 언제인지, 그때 무엇을 하고 계셨는지 자세히 설명해주시겠어요?

'가장 최근 선택'에 대한 이해
- 가장 최근에 언제 리얼북을 사용하셨나요?
- 그때에 대해 자세히 설명해주시겠어요?

[그때 순간을 생생히 설명할 수 있는 추가 질문하기]

- 몇 시쯤이었나요?
- 무엇을 하던 중에 리얼북을 시작했나요?
- 무엇 때문에 시작했나요?
- 그때 어디에 계셨나요?
- 혼자 계셨나요?
- 왜 그때 리얼북을 시작해야겠다고 생각하셨나요?

차선책에 대한 이해

- 만약에 그 순간에 리얼북을 사용할 수 없었다면, 그래서 다른 것을 해야 한다면 무엇을 했을 것 같으세요?
- 그 차선책을 선택한 이유가 무엇인가요?
- 어떤 점에서 그 차선책이 리얼북과 비슷하거나 다른지 비교해주시겠어요?

리얼북을 지속적으로 사용하는 이유

- 리얼북을 지속적으로 사용하는 이유가 무엇인가요?
- 리얼북의 가장 큰 장점 세 가지를 말씀해주시겠어요?
- 그럼 이번엔 리얼북이 어떤 점을 개선하면 좋을지 말씀해주시겠어요?

마무리

- 인터뷰 질문을 모두 드렸습니다. 혹시 추가로 리얼북에 대해 하시고 싶은 말씀이 있나요?

JTBD는 단 10명이라도 실제로 우리의 제품을 사용하는 유저가 있을 경우에 활용하면 좋은 방법입니다. 유저가 없다면 유사 제품의 유저들을 인터뷰해 그들의 JTBD를 파악하고, 어떤 잡을 우선순위에 두고, 어떤 경험을 최적화시켜야 하는지 알 수 있습니다. 하지만 이는 실제 우리 서비스의 유저를 통한 리서치는 아니기 때

문에 후에 실제 유저와 함께 다시 JTBD를 다듬어가는 것이 좋습니다.

사용자 여정 지도

여정 지도journey map는 유저가 특정 서비스나 제품을 이용하는 과정에서 겪는 경험, 감정, 문제점을 시각적으로 표현하는 도구입니다. 이를 통해 유저가 어떤 단계를 거치며, 각 단계에서 어떤 경험을 하는지 깊이 이해할 수 있습니다. 이를 통해 부드럽게 이어지지 않고 끊기는 지점을 파악하여 유저 경험을 보완할 수 있습니다.

여정 지도는 다양한 버전으로 만들 수 있습니다. 예를 들어 페이팔을 처음 알고 가입하는 과정, 페이팔로 구매가 이루어지는 과정, 구매 후 판매자와 구매자 간 분쟁이 일어나고 이 분쟁이 페이팔에 접수되는 과정 등을 각각 지도로 만들 수도 있습니다. 그래서 사용자 여정 지도를 만들 때는 우리 제품이 제공하는 경험의 시작, 중간, 끝을 모두 아우르는 큰 지도를 그린 다음, 필요 시 각 단계를 더욱 세분화해 자세한 지도를 만들어가는 것이 좋습니다.

여정 지도 전문가 줄리 프랜시스Julie Francis는 "여정 지도는 지도를 만드는 과정journey mapping이 여정 지도journey map 자체보다 중요하다"라고 말합니다. 즉, 결과물인 여정 지도만이 아니라, 이해관계자와 함께 고객 여정을 파악하고 이를 지도로 만들며 체화하는 과정 자체가 중요하다는 뜻입니다. 그래서 이 책에서 안내하는 이해관계자를 연구 과정에 끊임없이 포함시키는 기술을 활용하는 것이 좋습니다.

여정 지도는 종종 연구 없이 만들기도 합니다. 고객 서비스, 마케팅, 세일즈 등 다양한 이해관계자들이 모여서 그들이 알고 있는 지식을 지도로 엮는 워크숍을 통해 만들기도 하죠. 이런 방식은 시간과 비용을 아낄 수 있다는 장점이 있지만, 인지적 시찰법처럼 사용자 경험을 기반으로 하지 않았기 때문에 실제와 차이가 있을 수 있습니다. 그러니 항상 실제 연구를 통해 지도를 정제하는 것이 중요합니다.

여정 지도를 만들기 위해서는 심층 인터뷰를 활용하는 것이 효과적입니다. 심층 인터뷰를 할 때는 인터뷰 참여자가 제품을 처음 접하는 순간부터 마지막까지 각 단계에서의 경험을 세밀하게 묻는 것이 중요합니다. 이때 참여자가 제품을 사용하는 모든 과정을 최대한 구체적이고 세밀하게 묘사하도록 유도하고, 그 설명을 상상하며 머릿속에 그리듯이 따라가면 좋습니다.

더 나아가 참여자와 함께 여정 지도를 직접 그려보는 것도 좋은 방법입니다. 이렇게 참여자의 여정을 시각화하면서 인터뷰를 진행하면 나중에 종합적인 여정 지도를 만들 때 중요한 자료가 될 뿐만 아니라, 인터뷰 중 간과한 사항도 쉽게 발견할 수 있습니다.

최종적인 여정 지도를 만들 때는 여러 참여자와의 인터뷰에서 공통적인 패턴을 찾아 종합적인 지도를 완성하는 것이 중요합니다. 한 명의 경험에만 의존하지 않고, 다양한 참여자의 피드백을 종합해 여러 관점을 반영한 여정 지도를 만들어야 합니다. 이렇게 하면 특정 유저에게만 치우치지 않고 더 포괄적인 사용자 경험을 파악할 수 있습니다.

이 전반적인 작업은 팀과 함께 진행해야 합니다. UX 리서처뿐만 아니라 디자이너, 제품 매니저 등 관련 이해관계자들이 함께 참여함으로써 팀 내에서 더 폭넓은 논의가 이루어지고 다양한 관점을 반영한 객관적인 결과물을 도출할 수 있습니다.

퍼소나와 아키타입

심층 인터뷰를 통해 퍼소나persona 또는 아키타입archetype을 만들 수도 있습니다. 퍼소나, 아키타입 모두 우리 제품의 유저가 누구인지를 실제 결과물로 만들어내는 프레임워크입니다.

퍼소나는 가상의 유저에 대한 사진, 이름, 나이, 성별, 직업, 특징, 제품 사용 상황을 정리한 문서입니다.

▼ 퍼소나 예시

유저
- **이름**: 미영
- **나이**: 52세
- **직업**: 전업주부
- **거주지**: 대한민국 부산
- **성별**: 여성

설문 조사, 사용성 테스트, 심층 인터뷰 어디까지 해봤니?

배경

- 미영은 성인이 된 두 자녀들이 집을 떠나면서 여유로운 시간을 가지게 되었습니다. 집안일 외에 시간이 많아져 취미를 찾던 중 웹소설을 접하게 되었고, 특히 성인물에 큰 흥미를 가지게 되었습니다. 이러한 소설을 통해 일상에서 벗어나 새로운 즐거움을 찾고 있습니다.

목표와 필요

- **취미 생활**: 무료한 시간을 재미있고 흥미롭게 보내고 싶어 합니다.
- **몰입과 휴식**: 현실에서 벗어나 소설의 세계에 몰입하여 스트레스를 해소하고 싶어 합니다.
- **사회적 연결**: 다른 독자들과 소통하며 웹소설에 대한 이야기를 나누고, 커뮤니티에 참여하고 싶어 합니다.

행동 패턴

- **앱 활용**: 하루에 여러 번 앱에 접속하여 다양한 소설을 읽고, 새로운 에피소드가 업데이트될 때마다 확인합니다.
- **커뮤니티 활동**: 독자 리뷰를 읽고 댓글을 남기며, 같은 관심사를 가진 사람들과 소통합니다.
- **지속적인 구독**: 새로운 작품을 놓치지 않기 위해 유료 구독을 적극적으로 이용합니다.

동기와 불편 지점(페인 포인트)

- **동기**: 일상에서의 지루함을 달래고, 새로운 자극과 즐거움을 찾기 위해 웹소설을 읽습니다.
- **불편 지점**: 일부 웹소설의 품질이 낮거나 광고가 많아 몰입을 방해하는 경우가 있어, 고품질의 콘텐츠와 광고 없는 환경을 원합니다.

퍼소나는 제품의 UX 디자인을 할 때 제일 먼저 진행하는 방법이기도 합니다. 그러나 실제 제품을 사용하는 맥락과 크게 관련이 없

는 정보(나이, 성별, 직업 등)로 오히려 유저에 대한 편견을 양산할 수 있고, 실제 리서치를 기반으로 만들기보다 디자이너나 팀이 유저에 대해 가진 생각을 중심으로 만드는 경우가 많아 현실과 동떨어졌다는 평가도 있습니다.

그래서 퍼소나보다 적극적으로 쓰이기 시작한 방법이 바로 아키타입입니다. 아키타입은 리서치나 기존 데이터를 중심으로 유저의 유형을 나눈 결과물이라고 생각하면 됩니다. 아키타입은 사진이나 이름 대신 '리얼북 찐 팬', '작가 믿고 따라온 유저'와 같이 사용 패턴을 중심으로 이름을 정합니다.

▼ 아키타입 예시

유저 아키타입
- 일상 탈출자(escapist)

설명
- 일상 탈출자는 무료한 일상에서 벗어나기 위해 몰입형 콘텐츠를 적극적으로 탐색하는 유저입니다. 이들은 시간이 많고, 스트레스 해소나 즐거움을 위해 성인물과 같은 자극적인 웹소설을 주로 소비합니다. 일상에서 부족한 자극을 채우기 위해 지속적으로 새로운 콘텐츠를 찾아 탐색하고, 이는 그들의 주된 여가 활동이 됩니다.

주요 특징
- **콘텐츠 소비**: 하루에 여러 번 앱에 접속해 다양한 소설을 읽고, 새로운 에피소드나 콘텐츠를 빠짐없이 확인합니다.

목표와 동기

- **일상의 지루함 해소**: 일상에서 벗어나 새로운 자극과 재미를 찾기 위해 콘텐츠를 소비합니다.
- **몰입과 즐거움**: 고품질의 콘텐츠를 통해 몰입감을 높여 만족감을 얻고자 합니다.

불편 지점(페인 포인트)

- **콘텐츠 품질**: 품질이 낮거나 몰입을 방해하는 요소(예: 광고)에 불만을 느낍니다.
- **일관성 있는 경험**: 자신이 선호하는 장르의 새로운 콘텐츠를 지속적으로 제공받길 원합니다.

아키타입을 나눌 때 흔히 하는 실수 중 하나가 유저 입장이 아닌 회사 입장에서 패턴을 보는 것입니다. 예를 들어 아키타입을 '헤비 유저heavy user', '라이트 유저light user' 등 사용량 중심으로 나누는 것입니다. 이는 회사가 보는 관점이죠. 아키타입을 정확히 활용하려면 심층 인터뷰를 통해 유저 입장을 이해하는 것이 중요합니다.

그렇다고 아키타입이 반드시 퍼소나보다 좋은 것은 아닙니다. 실제 연구를 기반으로 한다면 퍼소나도 유용하게 쓰일 수 있습니다. 특히 제품을 만드는 사람들과 유저의 거리가 멀 때 퍼소나가 더욱 효과적입니다. 예를 들어 제품을 만드는 사람은 대부분 서울에 거주하는 20~30대인데 유저는 주로 미국 동부와 남부에 사는 50~60대일 경우 리서치를 통해 퍼소나를 만들면 제품을 만드는 사람들이 유저에 대해 훨씬 깊이 공감할 수 있습니다.

미국 테크 기업 UX 리서처의 솔직담백 토크

"

**비용 절감과
효율 증대를 위해
심층 인터뷰,
사용성 테스트,
설문 조사만으로
리서치를 진행합니다.
이걸로 충분할까요?**

"

한국과 미국에서 활동하는 다양한 리서처들과 이야기해보면 최종 결과물의 형태나 각 세션의 구성은 다를 수 있지만 사용하는 방법론은 비슷합니다. 결국 심층 인터뷰, 사용성 테스트, 설문 조사가 리서치의 중심입니다.

이게 나쁜 방향일까요? 이미 질문에 녹아 있듯, 비용과 효율 면에서 이 세 가지 방법론이 가장 탁월합니다. 이 방법론을 통해 우리가 가진 질문에 충분히 답할 수 있고 비용과 시간을 절약할 수 있다면 단점이 아니라 장점이 아닐까요?

다양하고, 복잡하고, 내가 사용해보지 않은 방법론으로 연구하고 싶은 것은 어쩌면 리서처의 욕심일지도 모릅니다. 하지만 이익을 내야 하는 비즈니스 관점에서는 비용과 시간을 가장 덜 쓰면서도 원하는 답을 빠르게 얻을 수 있는 방법이 가장 좋은 방법입니다.

지금까지의 내용을 잘 따라왔다면 심층 인터뷰, 사용성 테스트, 설문 조사로 할 수 있는 것이 얼마나 많은지 이미 느꼈을 것입니다. 예를 들어 심층 인터뷰로는 유저가 우리 제품을 통해 궁극적으로 하려는 일이나 유저의 여정을 파악하면서 사용자 여정 지도를 그릴 수 있습니다. 사용성 테스트로는 많은 유저를 대상으로 하는 진행자 없이 진행하는 사용성 테스트, 적은 수의 참여자를 깊게 분석하는 진행자와 진행하는 사용성 테스트를 할 수 있습니다. 또 팀원과 인지적 시찰을 진행해서 유저를 만나기 이전에 미리 큰 문제들을 빠르게 파악할 수도 있습니다. 설문 조사로는 정량에 집중해서 장기적인 UX 만족도를 트래킹하거나 정성 연구를 기반으로 다이어리 스터디를 진행할 수 있지요.

이처럼 이 세 가지 방법론만으로도 충분히 많은 정보를 얻을 수 있으니 각 방법의 활용도를 극대화하여 더 다양하게 활용해보세요.

**UX 리서치의
임팩트를 극대화하기
위해서는 무엇이
가장 중요한가요?**

리서치 임팩트를 높이기 위해 가장 중요한 것은 설득입니다. 설득은 두 가지로 나뉩니다. 첫째는 리서치의 타당성을 설득하는 것이고, 둘째는 연구 결과를 사용하게끔 설득하는 것입니다. 이때 정성 연구 기술을 제대로 익히고 있으면 '이 연구 결과를 왜 써야 하는지' 효과적으로 설득할 수 있습니다. 정성 연구에 대한 깊은 이해를 가진 리서처는 조직의 동향을 파악하고 조직 내 영향력을 발휘하기 위해 가장 효율적인 방법을 찾습니다. 우리가 가장 먼저 연구해야 할 대상은 바로 내가 속한 조직, 나의 이해관계자이기 때문이죠. 그리고 그 지식을 이용해 연구 결과를 사용하도록 설득함으로써 리서치 임팩트 또한 높일 수 있습니다. 물론 이 과정에서도 이해관계자를 연구 과정 전반에 포함시키는 것이 중요합니다.

PART
8

케이스 스터디
– 리얼북

정성 연구는
결과를 해석하기 어렵지 않나요?

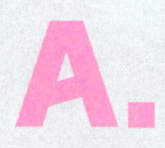

숫자로 명확하게 나타나는 정량 데이터와 달리, 인터뷰나 관찰을 통해 얻은
정성 데이터는 다양한 해석의 가능성을 가지고 있기 때문에 해석이 어렵게
느껴질 수 있습니다. 하지만 이것이 오히려 정성 연구의 강점이기도 합니다.
유저의 깊은 생각과 감정을 탐구하는 과정은 복잡하지만, 잘 설계된 연구와
체계적인 분석 과정을 통해 풍부한 인사이트를 얻을 수 있기 때문이죠.
또한 정성 연구는 데이터를 모은 뒤 결과 분석에 긴 시간이 걸리지만
반대로 연구를 시작하는 초반 진입 장벽이 비교적 낮은 편입니다.
해석 과정에서도 팀원들이 함께 참여해 다양한 시각을 반영하면 한쪽으로
치우친 해석을 방지하고 균형 잡힌 결과를 도출할 수 있습니다. 이처럼
협력적인 분석 과정은 연구의 깊이를 더하고 편향을 줄이는 데 기여합니다.

웹소설 앱 리얼북을 소개합니다

01

지금까지 정성 연구의 기본을 익히고, 이를 기반으로 정성 데이터를 모으고 분석하는 기술에 대해 배웠습니다. 또 정성 연구의 대표적인 방법론을 다양하게 활용하는 방법도 살펴봤습니다. 이번에는 '리얼북'이라는 가상의 스타트업에서 진행하는 프로젝트를 통해 지금까지 살펴본 기술들이 실제 어떻게 적용되는지 케이스 스터디로 함께 살펴보겠습니다.

리얼북은 대표를 포함해 총 15명의 직원이 일하는 스타트업입니다. 엔지니어링을 전공하고 취미로 웹소설을 쓰는 리얼북의 대표는 5년 전 리얼북이라는 앱을 만들었습니다. 처음에는 성인 대상이 아니었지만, 대형 웹소설 플랫폼과 경쟁하기 위해 신규 작가를 영입하면서 성인 웹소설 몇 편이 크게 성공하였고, 성인 웹소설을 좋아하는 독자층을 확보했습니다. 리얼북의 메인 유저층은 50대 여성입니다.

가설과 연구를 기반으로 한 성장에 관심이 많았던 대표는 UX 리서처를 고용하기로 결정합니다. 그리고 이 책을 읽는 여러분이 리얼북의 첫 UX 리서처입니다.

이해관계자와의
인터뷰

리얼북의 UX 리서처로서 일하는 첫 주간입니다. PART 3에서 배운 대로 조직 문화와 이해관계자를 제일 먼저 이해하기 위해 인터뷰를 진행합니다. 여러분은 UX 리서처로서 PM, UX 디자이너, 엔지니어와 밀접하게 일하게 될 것이므로 일대일 미팅을 통해 이들이 생각하는 가장 큰 문제가 무엇인지 파악합니다.

우리가 인터뷰할 이해관계자는 제니, 매튜 그리고 저스틴입니다.

- **제니**: 리얼북의 PM입니다. 대형 IT 기업의 웹소설 플랫폼 PM으로 근무하다가 리얼북에 합류한 지 1년이 되었고, 리얼북의 포지셔닝이 '성인물

플랫폼'으로 특성화되어 중년의 여성 독자층을 이끌어야 하는 것에 대해 걱정이 많습니다. 이전 회사에서 UX 리서처와 일한 경험이 있는데, 대부분 PM으로서 검증하고 싶었던 콘셉트 등을 알려주면 그 검증을 도와주는 식으로 협업했습니다. 하지만 실제로 연구 과정을 지켜본 적은 없어서 연구 결과를 받고 나서도 이게 어떻게 나온 결과인지, 적은 참여자 수를 바탕으로 한 연구인데 믿어도 되는지 등 연구 결과에 대한 신뢰성에 의문을 가졌다고 합니다.

- **매튜**: UX 디자이너로, 리얼북의 원년 멤버입니다. 이전 회사에서 10년 가까이 웹사이트 디자인을 했었고, 리얼북에서 UX 디자인을 본격적으로 시작했습니다. 가장 큰 고민은 유저 그룹입니다. 주 타깃의 연령대가 높은 편이라 이를 낮추는 것이 맞는지 고민하고 있습니다. 사용성 테스트를 한두 번 진행했을 때 참여자가 제품을 사용하는 모습을 눈앞에서 볼 수 있어 유익했지만, 제대로 한 것인지 확신은 없었다고 합니다.

- **저스틴**: 리얼북의 엔지니어링 리드입니다. 대기업에서 엔지니어로 일하다가 사업을 시작하려고 퇴사한 뒤 한동안 클라이언트에게 앱을 개발해주는 일을 했습니다. 그러던 중 뜻이 맞는 리얼북 대표님을 만나서 2년 전에 리얼북에 합류했습니다. PM과 디자이너가 요구하는 기능을 발빠르게 개발하면서도 시스템을 안정적으로 유지하는 방법을 고민하고 있습니다. 대기업에서 일할 때 외주 리서치 에이전시를 통해 UX 리서치를 진행하는 것을 본 적은 있지만, 직접 경험한 적은 없습니다.

앞으로 밀접하게 함께 일할 이해관계자들의 개인적인 배경과 고민, UX 리서치에 대한 경험까지 파악했습니다. 일대일 미팅을 통해 다음과 같이 현재 상황을 파악하고 가장 크게 드러나는 문제에 어떻게 접근할지 전략을 세웠습니다.

현 상황

1. 연구 과정 및 신뢰성에 대한 이해 부족

- 연구 과정에 대한 경험이 부족해 연구 결과의 신뢰성을 의심할 수 있음
- UX 리서치에 대한 직접적인 경험이 없는 팀원은 리서치의 중요성을 잘 이해하지 못할 수 있음

2. 유저 그룹에 대한 불확실성

- 현재 타깃 유저 그룹의 연령대를 낮출지 고민하는 팀원이 있음
- 리얼북의 포지셔닝에 대한 불안감이 있어 타깃 유저층의 특성을 명확히 이해하고 싶어 하는 니즈가 있음

3. 기술적 구현과 유저 요구 간의 균형 필요

- 기능 개발과 시스템 안정성 사이에서 균형을 잡아야 하며, UX 리서치 결과가 기술적 제약과 어떻게 조화될 수 있는지에 대한 고민이 있음

전략

1. 연구 과정의 투명성 및 참여 강화

- 연구 초기 단계부터 제니와 매튜를 적극적으로 참여시켜 연구 질문 설정, 방법론 선택, 테스트 과정 등을 명확히 설명함
- 연구 과정에서 중요한 의사결정들이 어떻게 이루어지는지 투명하게 공유하여 결과에 대한 신뢰를 높임

2. 사용성 테스트 및 리서치 방법 교육

- 모두에게 사용성 테스트의 기본 원칙과 모범 사례를 공유하고, 테스트에 대해 더 큰 확신을 가질 수 있도록 지원함
- 테스트 설계와 분석 과정에서 긴밀하게 협력하여 그 과정에서 무엇을 중점적으로 봐야 하는지를 함께 논의함

3. 유저 그룹 분석 및 포지셔닝 전략 지원

- 현재 타깃 유저 그룹에 대한 심층 분석을 통해 연령대를 낮출 경우의 이점과 위험성을 명확히 제시함

- 제니와 매튜가 타깃 그룹 전략을 수립할 때 도움이 될 수 있는 데이터를 제공하고 리서치 결과가 리얼북의 포지셔닝을 강화할 수 있도록 도움

4. 리서치와 기술적 구현 간의 연결성 강조
- 저스틴과 협력하여 UX 리서치 결과가 엔지니어링 작업의 효율성을 높이고, 잘못된 가정으로 인한 재작업을 줄일 수 있는 방안을 제시함
- 기술적 제약을 고려하면서도 유저 중심의 해결책을 찾는 방법을 논의하고 저스틴이 UX 리서치의 중요성을 더 잘 이해할 수 있도록 지원함

이해관계자 인터뷰가 끝났다고 해서 그들을 이해하는 과정 또한 끝난 것은 아닙니다. 그룹이나 개인 미팅을 통해 그들이 제품에 대해 궁금해하는 점, 리서치에 대한 우려 등을 꾸준히 기록해두고 어떤 부분을 이해시켜주어야 연구 과정을 잘 따라올 수 있을지 항상 고민해야 합니다.

킥오프 미팅을 통한
리서치 목표 설정
및 의견 조율

03

이해관계자 인터뷰를 통해 독자와 독자, 독자와 작가 간 상호 작용을 높이려는 새로운 시도를 하고 싶어한다는 것을 알게 되었습니다. 이 일환으로 제니와 매튜가 커뮤니티를 만들어보자고 제안했습니다.

> **제니**   유저들이 커뮤니티에 대해 어떻게 생각하는지 알아보고 싶어요. 커뮤니티가 요즘 트렌드잖아요. 개발에 앞서 우리의 유저가 커뮤니티를 정말 사용할지 알아보고 싶어요.

> **매튜**   또 사용한다면 어떤 기능을 우선시해야 할지, 어떤 기대를 가지고 있는지 알고 싶어요. 이런 내용으로 리서치하는 것이 가능할까요?

> **나**   보통 리서치를 통해 미래 행동을 예측하려는 것은 좋은 방법이 아니에요. 현재 하고 있는 행동을 깊이 이해해서 어떤

문제를 해결할 수 있는지를 파악하는 것이 더욱 효과적이죠. 제니와 매튜는 커뮤니티를 어떻게 정의하고 있나요?

제니　작가와 독자가 소통하는 공간 같은 걸 생각했어요.

매튜　아, 제니가 그렇게 생각하고 있는지 몰랐네요! 저는 그냥 리뷰를 남기는 독자 간 커뮤니티를 생각했어요.

나　그럼 커뮤니티 형태에 대한 정의부터 필요할 것 같네요. 결국 우리가 커뮤니티의 유효성을 검증해서 얻고자 하는 것이 무엇인지도요. 커뮤니티를 하면 우리 비즈니스에 유용한 게 맞나요?

제니　일단 커뮤니티를 통해 더 많은 유저를 끌어올 수 있지 않을까요?

나　그렇다면 커뮤니티를 통해 유저 유입을 높이는 것이 주된 목표라고 생각하면 될까요? 굳이 독자와 작가 간의 상호 작용까지 끌어올릴 필요는 없고요. 리서치 없이도 직관적으로 보면, 독자와 작가 양쪽을 만족시키는 것보다 한쪽에 집중하는 것이 복잡성도 줄이고 리소스도 절약할 수 있을 것 같은데, 어떻게 생각하세요?

제니　그래도 독자와 작가 간 상호 작용이 있으면 유입률이 더 높아지지 않을까요? 작가들도 독자들의 피드백을 원하거나 홍보할 만한 공간을 필요로 하는 것 같더라고요.

나　독자와 작가 간의 상호 작용은 '독자'와 '작가' 두 그룹으로 나눠므로 리서치가 길어지고 복잡해질 것 같은데요. 물론 리소스가 충분하다면 이를 알아보면 좋겠지만 지금 먼저 알아보고자 하는 것은 '커뮤니티를 통해 유입률을 높일 수 있는지'인 것 같아요.

매튜 그럼 일단 커뮤니티 자체의 니즈를 먼저 알아보는 게 좋을까요?

나 사실 그 부분에 대해서는 리서치를 하지 않아도, 데스크 리서치나 트렌드 조사를 통해 커뮤니티가 앱 사용량이나 유입을 높인다는 것은 알 수 있어서 그저 커뮤니티 니즈 자체를 검증하는 것은 아주 효율적인 리서치가 될 것 같진 않아요.

매튜 그럴 것 같네요.

나 그렇다면 차라리 지금 커뮤니티를 사용하는 행태, 지금 그들이 이용하고 있는 커뮤니티의 페인 포인트, 우리가 고려하지 않은 문제 등에 대해 알아보는 게 더욱 적합하지 않을까요?

제니 좋은 생각인 것 같아요.

나 다이어리 스터디가 가장 좋은 방법일 것 같은데, 다이어리 스터디는 시간도 오래 걸리고 비용이 많이 듭니다.

매튜 어느 정도 걸리나요? 대략 어떤 식으로 진행되는지도 궁금하네요.

나 다이어리 스터디는 우리 유저 타깃에 맞는 참여자를 초대해 적어도 5일, 길게는 2주에서 한 달 정도 제품을 사용하는 행동을 알아보는 방법이에요. 그날그날 설문 형식으로 알고자 하는 질문을 보내고, 참여자들은 질문에 맞는 행동을 할 때 기록을 하죠. 예를 들어 웹소설을 읽거나, 리뷰를 찾아본다거나, 요즘 어떤 작품이 재밌는지 커뮤니티를 찾아보거나, 내가 읽는 소설에 대해 다른 사람과 이야기했다거나 등의 모든 행동을 디테일하게 기록하게 하는 거죠. 언제, 어디서, 얼마 동안, 어떤 작품을 읽었는지 기록해달라든지, 읽었을 때의 상황을 사진으로 찍어달라든지 등 매일매일 태스크를 알아볼 수 있어요.

이 방식의 가장 좋은 점은 그들이 웹소설을 읽는 행동이 어떤 식으로 일상에 스며드는지 면밀히 파악할 수 있다는 것입니다. 하지만 리쿠르팅, 세팅, 다이어리 스터디를 진행하고 분석하는 데 최소 6주에서 8주는 필요하죠. 참여 기간이 길기 때문에 이탈률도 높은 편이라 초반에 많은 참여자를 모집해야 한다는 단점도 있고요. 우리에게 이 정도의 시간과 예산이 있을까요?

제니 전반적인 행태를 이해하기에 좋은 방법일 것 같아 정말 해보고 싶긴 하네요. 그런데 저희가 그 정도의 시간은 없을 것 같아요. 빠르게 결정하고 다음 마일스톤으로 넘어가고 싶거든요. 예산도 많지 않고요. 다른 방법은 없나요?

나 차선책은 심층 인터뷰가 될 것 같아요. 유저에게 어떤 기능이 필요한지 직접 물어보는 것은 유용하지 않아요. 대신 비슷한 기능을 사용하고 있는지 알아보는 것이 우선이고, 거기서 부족한 점, 만족하지 못하는 점 등을 찾을 수 있죠.

매튜 그건 어떻게 하는 거죠?

나 최대한 지금 행동에 초점을 맞추고 실제 행동을 떠오르게 하는 질문이 좋아요. 예를 들면 최근에 새로 읽기 시작한 웹소설에 관한 경험을 떠올리게 해서 어떻게 그 작품을 알게 되었고, 어떤 상황과 어떤 경로를 통해 웹소설을 읽게 되었는지 자세히 파고드는 거죠. 또 웹소설을 읽고 나서 감상평을 나눌 때는 어떤 식으로 나누는지, 실제로 남긴 리뷰가 있다면 보여달라고 요청할 수도 있고요. 그리고 그 상황에서 일어난 불만족스러운 점 등을 물어봐야겠죠.

제니 그럼 심층 인터뷰로 진행하면 좋을 것 같아요!

나 네, 그럼 제가 빠르게 데스크 리서치를 진행하고 오늘 대화를 바탕으로 리서치 브리프를 작성할게요.

대화 내용을 요약하자면 다음과 같습니다.

- **제니**: 유저들이 커뮤니티를 사용할지 알아보고 싶어 함.
- **매튜**: 유저가 커뮤니티에서 어떤 기능을 원하는지 파악하고 싶어 함.
- **나**: 미래 행동을 예측하기보다는 현재 행동을 깊이 이해하는 것이 중요함. 커뮤니티의 정의와 목표 재정의 필요성을 제기함. 커뮤니티 유입을 통한 유저 증가 목표를 확인함.

- **리서치 방법**: 다이어리 스터디는 시간과 비용 소요가 커서 불가능 → 현재 행동과 페인 포인트를 파악할 수 있는 심층 인터뷰를 진행하기로 함.

킥오프 미팅을 통해 제니와 매튜가 커뮤니티를 서로 다르게 정의하고 있다는 점이 드러났습니다. 제니는 작가와 독자가 소통하는 공간을 생각한 반면, 매튜는 독자 간의 리뷰 공유 공간을 염두에 두고 있었습니다. 이로 인해 커뮤니티 기능의 목적을 명확히 정의할 필요가 있음을 깨달았습니다. 이들은 대화를 통해 미래의 유저가 특정 기능을 어떻게 사용할지 예측하는 것은 어렵고, 현재 사용자 행동을 깊이 이해하는 것이 더 중요하다는 것을 알게 되었습니다. 따라서 커뮤니티 기능이 유저의 유입을 높일 수 있을지 알아보는 것을 주된 목표로 설정했습니다.

이를 위한 적절한 연구 방법론을 선택하는 과정에서 다이어리 스터디와 심층 인터뷰를 검토했습니다. 다이어리 스터디는 유저의 일상 속 행동을 면밀히 파악할 수 있는 방법이지만 시간과 비용이 많이 들기 때문에 심층 인터뷰로 대체하는 방향으로 결정되었습니다. 그리고 이 대화를 바탕으로 리서처는 추가 데스크 리서치를 진행한 후 리서치 브리프를 작성하기로 했습니다.

커뮤니티 리서치
- 리서치 브리프

04

UX 리서처는 이해관계자와의 논의를 바탕으로 다음과 같은 리서치 브리프를 작성합니다. 리서치 브리프를 작성하면서 추가로 어떤 방법론을 선택하고 어떤 참여자와 어떤 스케줄로 리서치를 진행할지 다시 조정하는 시간을 마련합니다.

▼ '리얼북' 커뮤니티 리서치 브리프

팀원

- 나(UX 리서처)
- 제니(PM)
- 매튜(UX 디자이너)
- 저스틴(엔지니어링 리드)

연구 배경

- 리얼북팀은 커뮤니티 기능을 도입하여 유저 참여를 증대시키고 유입을 높이고자 한다. 그러나 커뮤니티의 정의와 목적에 대한 팀 내 이해가 상이하며, 이러한 기능이 실제로 유저의 니즈에 부합하는지 그리고 현재의 웹소설 독자들

이 커뮤니티를 어떻게 활용하는지에 대한 구체적인 정보가 부족하다. 이에 따라 커뮤니티 기능의 필요성과 그 기능이 사용자 경험에 미치는 영향을 파악하기 위해 본 연구를 진행한다.

이전 리서치

- 커뮤니티 데스크 리서치

연구 목표

- 웹소설 커뮤니티를 사용하는 유저들의 주요 목적과 페인 포인트를 파악하여 리얼북의 커뮤니티 기능이 실질적으로 어떤 가치를 제공할 수 있는지 이해한다. 이를 통해 리얼북의 커뮤니티 기능이 유저의 유입률을 높이고 참여를 촉진할 수 있는지를 평가하고 기능의 우선순위를 결정한다.

연구를 통한 의사결정

- 리얼북에 커뮤니티 기능의 도입 여부
- 커뮤니티 기능을 도입하는 경우 우선적으로 개발해야 하는 기능
- 커뮤니티 기능이 리얼북의 유저 유입 및 참여 목표에 부합하는지 평가하고 리소스 배분에 대한 전략적 결정

연구 질문

- 유저의 커뮤니티 이용 목적은 무엇인가?
- 현재 웹소설 커뮤니티 이용자들의 가장 큰 페인 포인트는 무엇인가?
- 웹소설 커뮤니티를 사용하지 않지만 꾸준히 웹소설을 읽는 사람들의 동기는 무엇인가?
- 그룹 1과 그룹 2는 각각 어떤 식으로 리뷰를 남기는가?(참여자 프로필의 두 그룹 기준)
- 그룹 1과 그룹 2는 각각 어떤 식으로 새로운 소설을 탐색하는가?(참여자 프로필의 두 그룹 기준)

방법론
- 심층 인터뷰

참여자 프로필
- 웹소설 읽기가 취미인 사람(총 10명)
  - 그룹 1(5명): 웹소설 커뮤니티를 애용하는 사람(주 1회 이상 방문)
  - 그룹 2(5명): 웹소설 커뮤니티를 이용하지 않는 사람
- 사는 지역, 연령대, 성별 등

스케줄
- 킥오프 미팅: 3/4
- 리쿠르팅: 3/4~8
- 리서치 브리프 & 모더레이션 가이드 초고: 3/5
- 피드백: 3/7
- 인터뷰 세션: 3/11~15
- 그룹 분석 세션: 3/19
- 최종 발표: 3/26

킥오프 미팅을 통해 이와 같은 리서치 브리프를 작성했습니다. 이렇게 작성한 리서치 브리프를 이해관계자들에게 공유하여 합의한 내용과 일치하는지, 이해되지 않거나 궁금한 부분은 없는지 피드백을 받습니다.

심층 인터뷰
- 모더레이션
가이드

작성한 리서치 브리프에 대한 피드백을 받았다면 이제는 리쿠르팅을 진행하면서 인터뷰에 필요한 모더레이션 가이드를 작성할 차례입니다. 리크루팅을 진행하는 동안 심층 인터뷰에서 사용할 모더레이션 가이드의 초안을 작성하고 팀원들에게 공유하여 피드백을 받습니다.

▼ 모더레이션 가이드

인터뷰 시작 및 개요 설명(5분)

- **인사 및 소개**: "안녕하세요, 저는 오늘 인터뷰를 진행할 UX 리서처 [이름]입니다. 참여해주셔서 감사합니다."
- **연구 목적 설명**: "오늘 인터뷰는 리얼북의 새로운 커뮤니티 기능을 고려하는 과정에서 유저들이 웹소설을 어떻게 이용하는지, 커뮤니티에 대해 어떻게 생각하시는지를 이해하기 위해 진행합니다."
- **인터뷰 구조 안내**: "인터뷰는 약 45분 정도 소요됩니다. 현재 웹소설을 읽거나 커뮤니티를 사용하는 경험에 대해 이야기할 예정입니다."

- **비밀 유지 및 기록 동의**: "모든 답변은 익명으로 처리되며 기록을 위해 녹음을 할 예정입니다. 괜찮으실까요?"

배경 질문(10분)

- **웹소설 관련 질문**

  "웹소설을 얼마나 자주 읽으시나요?"

  "주로 어떤 플랫폼을 이용하시나요?"

  "웹소설을 읽을 때 가장 중요하게 생각하는 요소는 무엇인가요?"

- **커뮤니티 경험에 대한 질문**

  "웹소설 커뮤니티를 사용해본 적이 있으신가요?"

  [답변에 따라 추가 질문]

  - (사용하는 경우) "어떤 커뮤니티를 사용하세요?", "커뮤니티에서 주로 뭘 하세요?"

  - (사용하지 않는 경우) "사용하지 않는 이유는 무엇인가요?", "웹소설을 읽기 전에 다른 사람의 리뷰도 보시나요?"

메인 질문(30분) – 그룹별로 질문을 다르게 설정

- **그룹 1(커뮤니티 사용)**

  "가장 최근에 언제 커뮤니티에 방문하셨어요?"

  "커뮤니티에서 무엇을 하셨는지 자세히 설명해주시겠어요?"

  "어떤 글을 쓰셨나요?", "누구의 글에 답을 다셨나요?", "무엇에 대한 글을 읽으셨나요?"

  "커뮤니티에서 가장 많이 하는 활동은 무엇인가요?"

  "커뮤니티를 이용하는 주된 이유는 무엇인가요?"(예: 리뷰, 소설 추천, 다른 유저와의 교류 등)

  "커뮤니티를 사용하면서 화가 났던 순간이 있다면 설명해주세요."

  "그런 경험이 있었음에도 커뮤니티를 계속 이용하는 이유가 무엇인가요?"

  "새로 읽을 소설을 찾을 때 어떤 방법을 사용하시나요?"

  "다른 사람의 리뷰를 참고하시는 편인가요?"

"주로 어디서 리뷰를 보시나요?"

"커뮤니티에 직접 소설에 대한 리뷰를 남기시나요?"

- **그룹 2(커뮤니티 미사용)**

"새로 읽을 소설을 찾을 때 어떤 방법을 사용하시나요?"

"다른 사람의 리뷰를 참고하시는 편인가요?"

"소설을 읽고 리뷰를 남기시나요? 남긴다면 어디에 남기시나요?"

"따로 커뮤니티 사용을 안 하신다고 하셨는데 이유가 있나요?"

"만약 커뮤니티를 사용하시게 된다면 가장 주된 이유가 무엇일 것 같나요?"

마무리(5분)

- **팀원 질문 확인**: "오늘 제가 준비한 질문은 여기까지입니다. 팀원들에게 추가 질문이 있는지 잠시 확인해보겠습니다."
- **추가 의견 마무리**: "저희에게 질문이나 마지막으로 하실 말씀이 있나요?"
- **종료 및 감사 인사**: "여기서 인터뷰를 마치겠습니다. 오늘 귀중한 시간 내주셔서 정말 감사합니다."

모더레이션 가이드를 작성한 후 팀원들에게 질문이나 피드백을 받습니다. 이해관계자가 주는 피드백을 모두 받아들일 필요는 없다는 점을 명심하세요. 이 과정에서 피드백만큼 중요한 것은 그들의 이해를 돕고, 앞으로 발생할 수 있는 부정적인 의견을 사전에 파악하는 것이랍니다.

노트테이커 사인업 & 노트테이킹 시트

인터뷰 세션을 시작하기 전에 팀원들이 노트테이커로 참여할 수 있도록 참여자와 스케줄을 세팅해둡니다. 그런 다음 미리 사인업 하도록 해서 노트테이킹을 할 수 있도록 유도합니다.

인터뷰 세션 스케줄 & 노트테이커 사인업

- 참여 가능한 시간대의 "노트테이커" 칼럼에 본인 이름을 써서 사인업해주세요.
- 적어도 두 세션에는 사인업을 해주시되, 최대한 모든 세션에 적어도 노트테이커가 1명은 있을 수 있도록 사인업 부탁드립니다.

분류	참여자	시간	노트테이커
Y1	선희	3/11 월 9시	제니
Y2	정현	3/11 월 11시	메튜
Y3	지우	3/11 월 1시	
Y4	혜원	3/11 월 3시	
Y5	우진	3/12 화 9시	
N1	미진	3/12 월 11시	
N2	수현	3/12 월 1시	
N3	지원	3/12 월 3시	
N4	우영	3/13 화 9시	
N5	유나	3/13 화 11시	

인터뷰 세션 스케줄과 노트테이커 사인업 예시

▼ 인터뷰 노트테이킹 & 디브리핑 보드

인터뷰 노트테이킹 시 안내 사항

- 아래 세션 링크를 통해 정해진 시간에 늦지 않게 입장하세요.

- 세션에 입장하기 전, 반드시 카메라를 끄세요.

- 세션 도중 질문이 생기면 리서처와 바로 연락이 가능한 채팅룸에 질문을 남기세요. 질문은 상황에 따라 세션 중 또는 마지막에 다뤄질 수 있습니다.

- 노트테이킹 시 각 참여자 이름이 적힌 칸에 스티키 노트를 사용해 기록하세요.

- 자신이 작성한 스티키 노트에는 반드시 참여자 이름 태그를 추가하세요.

- 한 스티키 노트에는 하나의 생각만 기록하세요.

- 노트테이킹은 내 판단보다는 그 판단의 근거가 되는 관찰 사항을 위주로 적습니다.
  (예: 참여자는 기분이 언짢아 보였다(×), 참여자는 한숨을 쉬며 "그러니까 짜증이 나지요!"라고 말했다(○))

- 모든 세션이 끝난 후 노트테이커, 관찰자, 리서처가 모여 디브리프 세션을 진행합니다.

디브리프 세션에서는 해당 세션에서 반복적으로 관찰된 내용이나 특별히 기억에 남는 순간들을 중심으로 논의합니다.

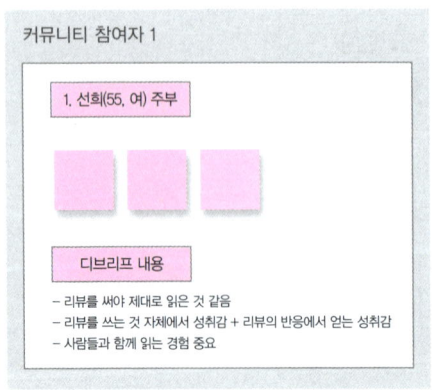

노트테이킹을 할 때는 노트의 통일성을 위해 이런 템플릿을 미리 제공하고 주의 사항도 함께 안내합니다. 각 세션 이후에 디브리프를 진행할 거라는 내용도 미리 알려두는 것이 좋습니다.

이해관계자가 노트테이킹을 하도록 유도하면 인터뷰 세션 참여율이 높아집니다. 또 노트테이커로서의 책임감 때문에 적어도 자신이 노트테이킹해야 하는 세션만큼은 집중해서 듣게 됩니다. 즉, 이 과정에서 얻는 자료도 중요하지만, 이해관계자가 인터뷰 내용을 듣고 체화하게 하는 것 또한 매우 중요합니다. 노트테이커로서의 주의 사항과 템플릿을 미리 제공함으로써 나중에 분석할 때도 일관적인 노트를 바탕으로 더 효과적으로 분석할 수 있습니다.

중간 점검

세션이 끝나면 각 세션의 녹음, 요약, 초기 인사이트 등을 공유합니다. 이를 통해 세션에 참여하지 못한 팀원들도 진행 과정과 결과를 알 수 있고, 세션 진행 기간이 길어져도 연구에 대한 호기심을 계속 유지할 수 있습니다.

▼ 인터뷰 세션 중간 보고 예시

웹소설 인플루언서 선희 씨를 소개합니다!

안녕하세요. 오늘은 첫 번째 참여자 세 명과 인터뷰를 진행했습니다. 노트테이커, 관찰자로 참여해주신 모든 분께 다시 한번 감사드립니다.

인터뷰 세션을 간단하게 정리해서 알려드릴 예정인데요. 혹시 인터뷰 전문을 직접 듣고 싶으시면 아래 링크를 이용해주세요. 재생 속도를 빠르게 해서 들을 수도 있습니다.

- **링크**: (URL 추가)

선희 씨는 이런 사람입니다

- 경기도에 거주하고 있으며 고등학생 두 자녀를 둔 50대 중반 여성입니다.

- 읽고 쓰는 일을 좋아합니다. 웹소설을 리뷰하기 전에도 다양한 글쓰기 커뮤니티에서 활동했습니다.
- 웹소설 커뮤니티에 활발하게 리뷰를 올리며 많은 팔로워를 보유하고 있습니다. 자신의 리뷰에 대한 반응을 보는 것이 즐겁긴 하지만, 리뷰를 남기는 일 자체에 뿌듯함을 느낍니다. 리뷰를 써야만 그 글을 완전히 읽었다는 생각이 든다고 해요.
- 읽는 속도가 빠르고 추천 웹소설을 거의 읽는 편이지만, 리뷰까지 남기는 글은 많지 않다고 합니다.

생각해보면 좋은 초기 인사이트
- 선희 씨와의 인터뷰를 통해 커뮤니티에서 읽기와 쓰기의 선순환이 일어난다는 것을 확인했습니다. 이미 존재하는 커뮤니티와 차별화되는 우리 커뮤니티만의 강점은 무엇일까요?

인터뷰 세션의 수가 많아지면 모든 인터뷰를 마무리하는 데만 일주일 이상이 걸리고, 이후 분석 작업에 1~2주가 더 소요될 수 있습니다. 이러한 경우 중간 보고를 통해 이해관계자가 리서치에 지속적으로 관심을 가지도록 유도할 수 있습니다. 중간 보고는 리서처 본인에게도 중요한 생각을 정리할 기회를 제공합니다.

저는 하루에 여러 사람과 인터뷰를 진행하더라도, 이해관계자들에게는 일부러 하루에 보통 한 명의 인터뷰 요약본만 공유합니다. 최종 발표를 하기 전까지 매일 하나씩 정보를 나누어서 제공하는 겁니다. 이렇게 하면 최종 결과를 알려주기 전까지 이해관계자들의 꾸준한 관심을 유지할 수 있고 자연스럽게 연구 과정에 참여도가 높아집니다.

팀 분석

팀 분석은 한두 시간 정도 간단하게 진행하는 세션으로, 팀원들이 정제되지 않은 원시 데이터를 보고 직접 분류하는 과정을 통해 데이터와 연구 프로세스를 습득하는 과정입니다.

협력 분석에 유용한 어피니티 매핑affinity mapping[1]에 대한 간단한 튜토리얼부터 시작합니다. 그런 다음 실제 분석 세션을 함께 진행하는 것이 좋습니다. 먼저 15~20분 정도 각자 데이터를 읽고 분류하는 시간을 마련합니다. 그리고 그룹 토론을 통해 분류한 데이터를 함께 보는 시간을 가지면 더욱 효율적으로 합의를 진행할 수 있습니다.

---

1   UX 리서치 분석에서 자주 사용하는 기법으로, 다양한 데이터나 아이디어를 주제별로 그룹화하여 패턴과 인사이트를 발견하는 과정입니다. 이 방법을 통해 리서처들은 관련성 있는 정보를 시각적으로 정리하고, 유저의 니즈와 문제를 보다 명확히 이해할 수 있습니다.

팀 분석 세션

팀 분석 세션 스케줄

10:00~10:15 am
- 간단한 인터뷰 세션 요약
- 어피니티 다이어그램 소개

10:15~10:35 am
- 어피니티 다이어그램 세션: 약 20분 동안 각자 스티키 노트를 보면서 분류합니다.

10:35~10:55 am
- 함께 모인 그룹을 보면서 각 그룹의 이름을 정합니다.

10:55~11:00 am
- 클로징

Quick & Dirty 어피니티 다이어그램 하는 법

1. **스티키 노트 분류**: 각 스티키 노트를 읽고 비슷한 주제끼리 모읍니다.
2. **그룹화**: 스티키 노트가 여러 그룹에 속할 수도 있고, 원래 생각했던 그룹에 더 이상 속하지 않을 때도 있습니다. 여러 번 반복해 검토하며 그룹과 주제를 정교화합니다.
3. **그룹 이름 지정**: 어느 정도 정교화된 그룹에 이름을 붙입니다.
4. **세분화 및 이름 지정**: 그룹 내에서 더 세분화된 하위 그룹이 나타나면 이를 세분화하고, 같은 방식으로 이름을 부여합니다.

물론 한두 시간 정도로 팀 분석이 끝나지는 않습니다. 팀 분석 이외에 리서처가 나머지 데이터를 혼자 분석하는 데는 몇 배의 시간이 필요하지요. 하지만 이렇게 팀원들이 정제되지 않은 원시 데이터를 직접 보는 것만으로도 데이터를 체화하고 연구 프로세스를

이해하는 데 큰 도움이 됩니다.

1. 커뮤니티 이용자(그룹 1)의 주요 결과

- **커뮤니티 이용 목적**: 그룹 1의 유저들은 주로 웹소설에 대한 리뷰를 찾거나 다른 독자와의 대화로 작품을 더 깊이 이해하기 위해 커뮤니티를 이용하는 것으로 나타났다. 특히 특정 장르나 작품에 대한 추천 및 감상을 실시간으로 나누는 것이 커뮤니티 활동의 큰 부분을 차지했다.
- **페인 포인트**: 유저들은 커뮤니티 내의 검색 기능이 비효율적이라고 느꼈으며, 원하는 정보를 쉽게 찾기 어려웠다. 또한 작가와의 소통이 제한적이고 악의적인 댓글을 남기는 타 커뮤니티 유저를 불만으로 꼽았다.
- **미래 기능 기대**: 유저들은 더 나은 검색 기능과, 추천 시스템 그리고 작가와 독자 간의 소통을 가능하게 하는 기능이 추가되기를 원했다.

2. 커뮤니티 비이용자(그룹 2)의 주요 결과

- **커뮤니티 비이용 이유**: 그룹 2의 유저들은 커뮤니티를 굳이 사용할 필요성을 느끼지 못하거나 커뮤니티 참여에 대한 동기 부여가 부족했다. 일부 유저는 타 사이트를 통해 커뮤니티를 찾는 것이 어렵다고 답했다.
- **대안 행동**: 커뮤니티 대신, 이들은 주로 개인적으로 웹소설을 탐색하거나 외부 소셜 미디어 플랫폼을 통해 리뷰와 추천을 얻는 경우가 많았다.
- **잠재적 니즈**: 커뮤니티 찾는 것이 쉬워지거나 가입, 이용 등의 기능이 직관적으로 바뀐다면 사용해볼 의향이 있다는 피드백이 있었다. 특히 웹소설을 읽는 동안 실시간으로 다른 독자들과 소통할 수 있는 기능에 대한 관심이 높았다.

리얼북팀은 커뮤니티 기능 추가 여부를 결정하기 위해 진행한 UX 리서치에서, 커뮤니티 이용자(그룹 1)와 비이용자(그룹 2)의 주요 니즈와 페인 포인트를 심층적으로 분석했습니다. 그룹 1의 이용자들은 주로 웹소설에 대한 리뷰 탐색 및 독자 간 소통을 목적으로 타 사이트의 커뮤니티를 이용하고 있었으며, 특히 실시간으로 작품에 대한 추천과 감상을 나누는 활동을 중요하게 여겼습니다. 그러나 이들은 커뮤니티 내 비효율적인 검색 기능과 작가와의 제한된 소통 그리고 악성 댓글 문화에 불만을 나타냈습니다. 이에 따라 보다 나은 검색 기능과 추천 시스템, 그리고 작가와 독자가 직접 소통할 수 있는 기능이 리얼북에 추가되기를 기대했습니다.

반면, 그룹 2의 비이용자들은 커뮤니티의 필요성을 느끼지 못하거나 타 사이트의 커뮤니티에 접근하는 것이 번거롭다고 답했습니다. 이들은 주로 웹소설을 개인적으로 탐색하고 외부 소셜 미디어에서 리뷰와 추천을 얻고 있지만, 커뮤니티가 더 쉽게 접근 가능하고 직관적이라면 사용해볼 의향이 있음을 밝혔습니다. 특히 웹소설을 읽는 동안 실시간으로 다른 독자들과 소통할 수 있는 기능에 높은 관심을 보였습니다.

리얼북팀은 리서치 결과를 바탕으로 커뮤니티 기능을 추가하기로 결정했습니다. 이 결정은 두 그룹의 피드백을 반영한 것입니다. 먼저 커뮤니티 이용자(그룹 1)의 경우, 리얼북이 커뮤니티 규율을 엄격히 세워 악의적인 댓글을 막고, 이벤트성으로 작가와의 만남을 추가하면 이들을 유입시킬 수 있다는 가능성이 발견되었습니다. 이는 기존 커뮤니티 이용자들이 리얼북 커뮤니티로 이동하도록 유도하는 데 큰 매력을 제공할 것으로 판단되었습니다. 반면, 커뮤니티 비이용자(그룹 2)는 리얼북과 연계된 커뮤니티를 더 쉽게 찾을 수 있고 이미 익숙한 UI 덕분에 사용하기 쉬울 것이라고 답했기 때문에, 이들이 새로운 커뮤니티 기능을 자연스럽게 받아들일 수 있을 것으로 기대되었습니다. 이를 바탕으로 리얼북팀은 향상된 검색 및 추천 시스템과 함께, 실시간 소통 기능을 포함한 커뮤니티를 추가하기로 결정했습니다.

"

**이상적인 UX 리서치
조직 구조는
어떤 모습인가요?
저희 회사는
에이전시 모델인데,
제품 조직에서 정말
필요로 하는 리서치를
제공하고 있는지
항상 의문입니다.**

"

먼저 UX 리서치 조직 구조에 대해 살펴보겠습니다. 크게 글로벌 테크 회사에서는 두 가지 조직 모델을 사용합니다. 중앙집중형 구조인 에이전시 모델과 프로덕트팀에 한 직군으로 들어가는 임베디드 모델입니다. 임베디드 모델로 운영된다고 해도, 프로덕트팀과 일하지만 전략적인 결정은 리서치 중앙 팀과 상의해서 내리는 구조가 대부분입니다.

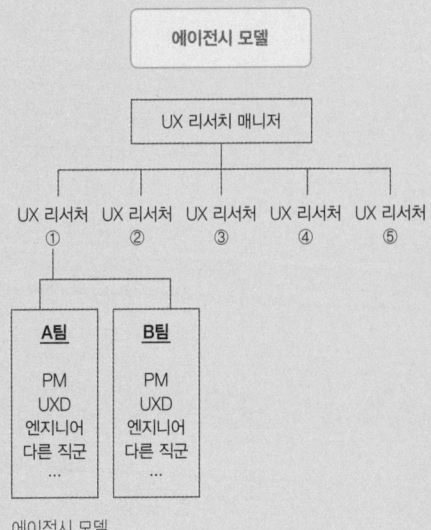

에이전시 모델

```
┌─────────────────┐
│   임베디드 모델    │
└─────────────────┘

┌──────────┐  ┌──────────┐  ┌──────────┐
│ 프로덕트팀 A │  │ 프로덕트팀 B │  │ 프로덕트팀 C │
│          │  │          │  │          │
│   PM     │  │   PM     │  │   PM     │
│   UXD    │  │   UXD    │  │   UXD    │
│  엔지니어   │  │  엔지니어   │  │  엔지니어   │
│  UX 리서처 │  │  UX 리서처 │  │  UX 리서처 │
│  다른 직군  │  │  다른 직군  │  │  다른 직군  │
│    ...   │  │    ...   │  │    ...   │
└──────────┘  └──────────┘  └──────────┘
```

임베디드 모델

통상적으로는 리서치 성숙도가 높고 리서처 수가 절대적으로 많은 회사는 임베디드 모델을 선택하는 편입니다. 임베디드 모델이 제품 개발에 기여하는 연구 질문을 선택하고 그 결과를 프로덕트에 반영하는 데 더 유리하기 때문입니다.

하지만 어떤 모델이 이상적인지는 크게 중요지 않습니다. 더 중요한 것은 모델이 어떻게 운영되는 가입니다. 모델을 선택할 때는 회사 상황이나 구조가 훨씬 큰 영향을 미치기 때문에 리서처 개인이 결정할 수 없고, 임베디드 모델이 항상 연구의 임팩트를 보장하는 것도 아닙니다. 따라서 에이전시 모델이어도 요청받는 리서치를 효율적으로 처리하면서 그 시간을 이용해 현재 비즈니스에 가장 중요한 문제에 깊이 있게 파고드는 것이 중요합니다. 이런 식으로 리서처가 주도하는 특별 프로젝트를 통해 해당 도메인을 깊이 이해하고 연구 문제를 해결할 수 있습니다. 이때 가장 중요한 문제는 리더 레벨에서 결정하는 것이 가장 이상적이지만, 이런 상황이 되지 않는다면 리서처 본인이 사내에서 다양한 네트워킹을 통해 직접 기회를 찾는 것도 방법이 될 수 있습니다. 하루에 30분씩만이라도 나무가 아닌 숲을 조망하는 시간을 가지며 비즈니스에 정말로 중요한 문제가 무엇인지를 찾아보세요. 관련 내용은 PART 9의 '01 확산적으로 사고하기'에서 제시한 팁들을 참고하시길 바랍니다.

> **"**
> **UX 디자이너와**
> **협업할 때 디자인**
> **방향을 제시하기가**
> **부담스러워요.**
> **"**

리서처로서 디자인 방향을 제시하는 것이 부담스러운 것은 당연합니다. 개선 방향을 고려할 때는 연구 결과를 기반으로 한 유저의 의견뿐만 아니라, 그 방향의 실현 가능성과 효율성 등 고려해야 하는 요소들이 매우 많기 때문이지요. 그래서 개선 방향을 제시할 때 혼자서 모든 것을 결정하려 하기보다는 팀과 함께 논의하는 방식이 좋습니다. 예를 들어 디자인 방향을 제시하기 전에 디자이너나 PM과 밀접하게 소통하여 내가 생각하는 방향이 실현 가능한지, 이미 고려 중인 방향성과 어떤 관계가 있는지 등을 확인하는 것입니다. 이외에도 연구 결과를 기반으로 워크숍 같은 자리를 마련해 함께 나아갈 방향을 주제로 토론하는 것도 좋은 방법입니다. 이 자리에서 유저를 직접 만나 이야기를 나눈 리서처, 즉 유저의 대변인으로서 연구 결과를 보여주면 그 방향성을 더욱 쉽게 받아들일 것입니다.

> "
> **PM이 당장
> 다음 주까지
> 앱 사용성 테스트를
> 해달라고 합니다.
> 어떻게 대답하면
> 좋을까요?**
> "

저라면 이렇게 대답할 것 같습니다.

"리서치에 참여할 참여자를 모집하는 데만 최소 일주일이 소요됩니다. 연구에 필요한 최소 인원인 5명을 빠르게 모집해 모든 세션을 하루만에 진행한다고 해도, 그 데이터를 의미 있게 분석하려면 추가로 일주일이 걸리죠. 테스트 직후 결과를 알려드릴 수는 있지만, 그건 단순 요약일 뿐 깊이 있는 분석 결과는 아닙니다. 만약 요약된 결과라도 괜찮으시다면 리서치가 끝난 후 2~3일 내로 결과를 전달할 수 있습니다. 하지만 이 결과는 최종 인사이트가 아니라는 점을 염두에 두셔야 합니다. 리서치 이후 일주일 정도 추가 시간이 주어진다면 훨씬 더 유의미한 결과를 드릴 수 있습니다."

참고로 이런 질문을 받는다면, 이는 이해관계자들이 리서치를 어떻게 시작하고 진행하는지 잘 모른다는 반증일 수 있습니다. 따라서 이 기회를 활용해 이해관계자들에게 UX 리서치의 시작과 진행 과정을 교육하는 방법도 추천합니다.

PART
9

실력 있는
UX 리서처로
성장하는 방법

Q.

정성 연구를
다른 연구 방법과
결합할 수 있나요?

A.

정성 연구는 다른 연구 방법과 충분히 결합할 수 있습니다. 실제로 정성 연구는
정량 연구와 함께 사용되어 상호 보완적인 역할을 하는 경우가 많습니다.
예를 들어 정량 연구를 통해 특정 유저의 행동 패턴에 대한 수치적인 결과를
파악한 후, 정성 연구를 통해 그 행동의 동기나 배경 맥락을 심층적으로
분석할 수 있습니다. 인터뷰나 에스노그라피와 같은 다양한 정성 연구
방법론으로 정량 데이터 뒤에 숨겨진 행동의 맥락이나 이유를 해석할 수
있습니다. 반대로 숫자로는 파악할 수 없는 유저의 감정이나 경험은
정성 연구를 통해 밝혀내고 정량 연구를 통해 이러한 인사이트가 더 넓은 유저
그룹에 일반화될 수 있는지 파악합니다. 이처럼 두 연구 방법은 상호 보완적으로
작용하여 풍부한 분석을 가능하게 합니다.

효율적인
일의 시작,
시간과 에너지 관리

진짜 일 잘하는 UX 리서처가 되기 위해서는 리서치뿐만 아니라 이해관계자와 소통을 잘해야 합니다. 리서치 자체도 많은 에너지를 요구하는 작업이지만, 이해관계자들이 쉽게 이해할 수 있는 언어와 방법으로 소통하고, 그들과 끊임없이 의견을 조율하는 과정 또한 상당한 정신적 에너지를 필요로 합니다. 그래서 UX 리서처에게 시간과 에너지는 가장 중요한 자원입니다. 지금부터는 효율적인 시간과 에너지 관리를 통해 찐 일잘러 UX 리서처가 되는 방법에 대해 이야기해봅시다.

워크 리듬 점검하기

워크 리듬work rhythm은 업무 패턴과 속도를 의미합니다. 효율적이고 생산적인 워크 리듬을 만들기 위해서 하루 동안 처리하는 업무에 필요한 에너지나 집중도 레벨을 잘 파악하는 것이 중요합니다.

그럼 본격적인 이야기에 앞서 현재 여러분의 업무 시스템을 점검해보겠습니다. 다음 질문에 얼마나 해당하는지 체크해보세요.

❶ 나는 적어도 하루에 1시간은 리서치 관련 본업(연구 계획, 분석 등)에 집중하는 시간을 갖는다.

❷ 나는 적어도 일주일에 반나절은 미팅, 메시지, 이메일 확인 없이 확산적 사고(divergent thinking)[1]를 할 시간이 있다.

❸ 나는 미팅을 특정 시간대에 몰아서 잡는다.

❹ 나는 업무 시간 중 미팅하는 시간이나 메시지, 이메일에 답하는 시간이 따로 정해져 있다.

❺ 내 팀원들은 나의 업무 스케줄이나 리듬을 대략 알고 있다.

❻ 내 팀원들은 내가 지금 어떤 프로젝트를 진행하고 있는지 대략 알고 있다.

❼ 나는 연구 과정 중에 팀원들에게 꾸준히 피드백을 받는다.

❽ 나는 로드맵을 통해 적어도 한 분기 동안 할 리서치를 팀원들과 미리 계획 및 조율한다.

❾ 프로젝트 상황을 효과적으로 전달할 수 있는 시스템이 있고, 팀원들도 이 시스템을 참고한다.

몇 개의 항목에 '그렇다'고 대답했나요? ❶부터 ❹까지 체크한 문항 수가 0~2개라면 여러분은 워크 리듬이 효율적이지 못할 확률이 높습니다. ❺부터 ❾까지 체크한 문항 수가 0~2개라면 여러분

---

1 확산적 사고는 문제를 다양한 관점에서 접근하여 다수의 창의적인 아이디어나 해결책을 탐색하는 사고 방식입니다. 수렴적 사고(convergent thinking)와 대비하여 단일 정답을 찾기보다는 다양한 가능성을 탐구하는 것이 특징입니다. UX 리서처에게는 유저의 다양한 니즈와 문제를 포괄적으로 이해하는 데 필수적입니다.

의 워크 리듬과 일하는 방식이 팀원들에게 투명하게 공유되어 있지 않을 확률이 높습니다. 효율적인 연구와 높은 임팩트를 위해서는 내가 일하는 방식과 팀이 일하는 방식의 싱크가 중요합니다. 이 절에서는 이 두 가지를 개선함으로써 워크 리듬을 지키면서 임팩트 높은 연구를 할 수 있는 방법을 알아봅시다.

지금까지 "난 여유롭게 리서치한다"라고 말하는 리서처를 단 한 번도 만나본 적이 없습니다. 거의 모든 리서처는 항상 바쁘고 정신이 없습니다. 리서처의 수는 타 직무 대비 항상 부족합니다. 그렇다면 바쁜 스케줄 속에서 어떻게 워크 리듬을 지키면서 연구의 질과 임팩트 모두 높일 수 있을까요? 그 첫걸음은 시간 관리입니다. 이는 지식 근로자[2]라고 불리는 모든 사람에게 해당되는 문제일 텐데요. 특히 인사이트를 도출해야 하는 UX 리서처에게 시간 관리는 매우 중요합니다.

그럼 리서처로서 지성을 효율적으로 활용하는 워크 리듬에 대해 이야기해봅시다. 리서처의 머리(뇌)는 인사이트를 도출하는 '도구'입니다. 이 도구가 잘 작동할 수 있도록 꾸준히 관리하고 효율적인 워크 리듬을 만드는 것은 리서처 자신의 웰빙뿐 아니라 조직 전체의 효율과도 직접적으로 연결됩니다. 수많은 자기계발서에서 지식 근로자들에게 하는 조언 중 UX 리서처에게 적용할 수 있는 몇 가지 팁을 소개합니다.

---

2 지식 근로자(knowledge worker)는 데이터를 분석하고 정보나 아이디어를 생성하며 문제를 해결하는 등 지식과 전문성을 활용해 가치를 창출하는 사람을 말합니다. 주로 창의적 사고와 복잡한 문제 해결 능력을 요구하는 IT, 금융, 연구, 교육 업무 종사자들을 일컫습니다.

KST	M	T	W	T	F
	Rae's Personal Work Rhythm				
Location	WFH	In Office	WFH	In Office	WFH
8:00			Meeting/ Tactical Tasks		Meeting/ Tactical Tasks
9:00	Check-ins				
10:00	Deep Focus	Meeting/ Tactical Tasks	Deep Focus	Meeting/ Tactical Tasks	Deep Focus
11:00					
12:00	Lunch	Lunch	Lunch	Lunch	Lunch
13:00					
14:00	Meeting/ Tactical Tasks	Meeting/ Tactical Tasks	Deep Focus	Meeting/ Tactical Tasks	Deep Focus
15:00					
16:00					
17:00					

팀원들에게 공유한 워크 리듬 구글 시트

빅테크 인사이드

글로벌 빅테크 회사에서 가장 중요하고 비용이 많이 드는 자원은 바로 인적 자원입니다. 특히 '지식 창출'이 주 업무인 이 직원들이 효율적으로 일해야 회사도 더 큰 이익을 얻을 수 있기 때문이지요. 그래서 회사는 직원들의 정신적 에너지 관리가 얼마나 중요한지 잘 인지하고 있죠. 이러한 이유로 최근 많은 회사가 최소한 일주일에 한 번은 미팅 없는 날, 즉 '미팅 없는 ○요일'을 지정함으로써 직원들이 적어도 일주일에 하루는 온전히 자신의 업무에 집중할 수 있게 합니다. 미팅 없는 날은 팀 캘린더 등에 표시되어 이 날에 미팅을 잡는 것이 눈치 보이는 분위기가 조성되어 모두가 최대한 미팅을 피하려고 노력한답니다.

포커스 타임 활용하기

여러분의 머리가 제일 잘 돌아가는 시간을 찾아내서 그 시간에 맞춰 적어도 하루에 한 시간씩 포커스 타임을 가지세요. UX 리서처는 대부분 짧은 시간에 많은 정보를 처리해야 합니다. 피곤하거나 지쳐 있다면 이런 정보 처리를 하는 것이 어렵고 시간도 많이 필요하겠죠. 내 컨디션이 가장 좋은 시간을 나만의 포커스 타임으로 엄수하는 것은 효율적인 지성 활용의 첫 단추입니다. 이 시간은 사람마다 다르므로 약 3~5일 정도 매시간 자신의 에너지 레벨을 체크해본다면 내 컨디션이 언제 가장 좋은지 알아낼 수 있을 겁니다.

포커스 타임을 만들었다면 이 시간 동안은 방해 요소를 모두 차단하고 그 시간에 온전히 집중하는 것이 중요합니다. 포커스 타임에 적용하면 좋은 방법은 다음 3가지가 있습니다.

① 타이머 사용하기

포커스 타임의 경계를 확실히 긋기 위해 타이머를 사용하세요. 타이머로 시간 제한을 두면 심리적으로 '이 시간만 잘 보내면 된다'고 생각하기 때문에 타이머 없이 한두 시간을 보내는 것보다 일의 효율이 훨씬 더 높아집니다. 요즘 지식 근로자사이에서는 25분 동안 집중해서 일하고 5분 동안 휴식하는 방법의 포모도로 테크닉 pomodoro technique이 유행입니다. 제가 직접 실천해본 결과, 데이터 분석이나 보고서 작성 등의 깊은 몰입을 요구하는 업무에 25분은 짧았습니다. 그래서 해당 업무가 요하는 집중도에 따라 45~50분 정도로 타이머를 맞추는 것을 추천합니다.

② 포커스 타임에는 모든 방해 요소 차단하기

진정한 포커스 타임을 가지기 위해서는 유난스럽다는 생각이 들 만큼 모든 방해 요소를 차단하세요. 동료들이 방해할 수 없는 공간으로 자리를 옮기고, 모든 메신저와 이메일 알림을 꺼두는 등 방해 요소를 최대한 차단하는 것입니다. 저는 정말 집중이 안 될 때 모든 기기를 비행기 모드로 설정해두고 일하기도 합니다. "긴급한 미팅 요청이나 연락이 오면 어쩌죠?"라고 묻는 분들이 있는데 제 경험상 50분을 기다리지 못하는 일은 없었습니다. 긴급한 연락이 올 수 있는 상황이라면 집중 모드 중에도 설정한 전화번호로 연락이 왔을 때만 소리가 울리게 하는 기능을 사용하거나, 동료들에게 급한 연락이 오면 찾아와 달라고 부탁하는 방법도 있으니 최대한 포커스 타임에는 방해 요소를 차단할 수 있는 환경을 만드는 것이 좋습니다.

③ 다른 생각으로 넘어가지 않기

포커스 타임을 방해하는 요소가 외부에만 있는 것은 아닙니다. 일이 어려우면 어려울수록 내 안에서도 많은 방해가 일어나죠. 이런 방해 요소는 '생각'으로 떠오르기 때문에 위험합니다. 지금 진행 중인 연구 분석에 집중해야 하는데 새로운 아이디어가 떠오른다거나 꼭 해야 하는데 잊고 있었던 일이 갑자기 생각나는 것처럼 말이죠. 이런 생각들은 마치 진짜 일을 하는 거라고 생각하도록 우리 자신을 속입니다. 그래서 포커스 타임을 가질 때는 작은 메모지를 준비해두고 이런 작은 생각이 떠오를 때마다 그 메모지에 '생각내려놓기'를 추천합니다. 지금 하려는 일과 관련 없는 좋은 아이디어, 잊고 있던 기억 등 모든 것을 적으면서 내가 지금 해야 하는 업무에 집중할 수 없게 만드는 모든 생각을 준비한 메모지에 내려놓는 겁니다. 그리고 다시 원래의 작업에 집중합니다. 이 작업을 마친 후에 얼마든지 적어둔 생각들을 다시 살펴볼 수 있으니 안심해도 됩니다.

확산적으로 사고하기

좋은 인사이트는 리서처의 풍부한 배경지식에서 나옵니다. 포커스 타임 동안 한 가지 주제, 한 가지 생각에 깊이 파고드는 것도 중요하지만, 이러한 수렴적 사고만큼이나 확산적 사고도 중요합니다. 제품, 시장, 조직에 대한 지식이 얕다면 도출하는 인사이트가 큰 임팩트를 내기는 어렵습니다. 앞서 이야기한 포커스 타임은 과녁에 화살을 쏘듯 집중하는 수렴적 사고입니다. 반대로 확산적 사고는 넓게 읽고 두루두루 살피며 배경지식을 두텁게 만드는 시간입니다.

내 분야가 아닌 다른 분야의 리서치를 찾아보고, 산업 동향을 살펴보고, 인사이트를 제시하는 책을 읽는 등 다양한 정보를 접하며 다양한 생각을 하길 권장합니다. 이런 활동은 생각지도 못한 방향에서 해결책을 찾고, 더 높은 레벨의 생각을 가능하게 합니다. 이처럼 확산적 사고를 통해 연구의 중요한 실마리를 찾았다면 정면 승부할 수 있도록 관련 내용을 다시 포커스 타임으로 배치해 더 깊게 파고드는 시간을 갖는 것이죠.

적어도 일주일에 한 번, 두세 시간 정도는 미팅이나 이메일 등의 방해 없이 확산적 사고를 할 시간을 가져보세요. 처음에는 이렇게 접하는 정보나 지식이 내 연구와 관련이 없다고 느껴지겠지만 시간이 지나 점점 더 거시적이고 깊게 사고하는 훈련을 거듭하다 보면 넓은 지식을 연결할 수 있는 실마리를 찾게 될 것입니다.

비슷한 유형의 작업은 묶어서 진행하기

비슷한 유형의 작업을 한 번에 묶어서 진행하면 가속도가 붙어 예상보다 더 빨리 일이 진행되는 경험을 한 적이 있을 겁니다. 같은 유형의 이메일을 회신할 때 처음 이메일보다 다음 이메일을 작성하는 게 수월해지는 것처럼 말이죠.

이것을 콘텍스트 스위칭context switching이라고 합니다. 정보 처리 과정에서 다른 작업으로 전환할 때 주의력과 기억력을 필요로 하는 현상을 말합니다. 여러분이 어떤 작업에 집중할 때 해당 작업에 대한 정보가 여러분의 주의력과 단기 기억에 저장됩니다. 그러다 다른 작업으로 전환하면 이전 작업의 정보는 잠시 저장해두고, 새로운 작업과 관련된 정보를 찾아 불러와야 합니다. 콘텍스트 스위칭이 효과적으로 이루어지지 않으면 작업 효율성과 집중력이 감소합니다. 인지과학에서는 과도한 콘텍스트 스위칭은 정보 처리 작업에 부정적인 영향을 미칠 수 있다고 말합니다.

앞서 포커스 타임 중에 각종 알림이나 방해 요소를 차단하는 이유도 결국 이 콘텍스트 스위칭을 줄이기 위함입니다. 이 점을 반대로 이용하여, 비슷한 유형의 작업을 묶으면 능률이 오릅니다. 특히 이메일이나 메시지에 대한 답변은 한꺼번에 하면 조각조각 파편화되는 집중력을 모을 수도 있고, 한 번에 비슷한 활동을 함으로써 더 빠르게 일을 처리할 수 있습니다.

빅테크 인사이드

리서치를 진행하면서 확산적 사고와 확산적 지식 습득은 큰 무기가 됩니다. 저는 여러 분야에 걸쳐 폭넓게 읽는 것을 중요하게 생각하는데, 이렇게 다양한 분야에서 얻은 지식이 제 리서치와 관련되어 더욱 효과적으로 리서치 보고서를 구성하는 데 도움이 된 경험이 많습니다.

예를 들어 노년층의 VR 기기 사용에 관한 리서치를 진행했을 때, 노년층의 VR 기기 사용률이 증가할 것이라는 부분을 설명하면서 단순히 인터뷰한 유저들의 정성적 답변에 그치지 않고 UN에서 발간한 세계적인 노년층 증가 추세, 노년층의 스마트폰 보급률, 요양원에서의 VR 기기 사용 사례 등을 추가함으로써 훨씬 더 설득력 있는 보고서를 작성할 수 있었고 이해관계자들에게 매우 인상적이라는 평가를 받았습니다. 이러한 결과는 평소에 꾸준히 확산적 사고를 훈련한 덕분에 가능했죠.

리서치 로드맵,
원활한 소통을 위한
필수 도구

아무리 워크 리듬을 잘 조정해 업무를 효율적으로 마쳤더라도 제품 개발 일정이나 팀의 스케줄과 맞지 않으면 연구 결과가 전혀 힘을 발휘하지 못하겠죠? 그래서 개인의 시간 관리만큼이나 팀원들과의 스케줄 조율이 중요합니다.

> "실제로 연구하는 시간보다 이해관계자들과의 싱크 과정과
> 소통, 설득에 더 많은 시간이 들어요."

많은 리서처가 이렇게 말하곤 합니다. 이 문제를 개선하려면 내 워크 리듬과 프로젝트 진행 상황을 효과적으로 공유하고, 이해관계자를 설득하는 과정이 선행되어야 합니다. 이때 강력히 추천하는 방법은 팀원들과 리서치 로드맵을 만드는 것입니다.

대부분의 리서처는 리서치를 시작할 때 리서치 브리프부터 작성할 겁니다. 리서치 브리프는 리서치에 대해 고려하고 있는 모든 것

을 담는 저장소이자, 나중에는 팀원들이 이 리서치에 대한 모든 자료를 찾을 수 있는 원스톱 리소스 one-stop resource[3]가 되기도 합니다. 이런 원스톱 리소스를 준비하는 것은 더 효율적으로 일하고 이해관계자와 원활히 협업을 하는 데도 중요한 자원이 됩니다. 연구 프로젝트를 시작할 때 원스톱 리소스로 사용하는 것이 리서치 브리프라면, 한 리서처가 일하는 전체 과정을 이해할 수 있는 원스톱 리소스는 리서치 로드맵입니다.

리서치 로드맵은 리서처가 진행하는 모든 리서치에 대한 정보가 담긴 저장소입니다. 과거, 현재, 미래에 진행하는 연구를 모두 모아두고 해당 연구의 목표와 디테일한 상황을 기록하는 곳이죠. 리서치 로드맵을 통해 이해관계자들에게 프로젝트가 현재 어떤 상황인지, 리서처가 현재 어떤 일을 하고 있는지 등을 항상 투명하게 공개할 수 있습니다. 따라서 리서치 로드맵을 만들 때는 이해관계자와 충분한 대화를 통해 제품 로드맵의 마일스톤을 고려해야 합니다.

그렇다면 리서치 로드맵을 어떻게 구성하는지 자세히 살펴봅시다.

리서치 로드맵은 어떤 도구로 작성할까?

리서치 로드맵을 작성하는 도구에 정해진 답은 없습니다. 단, 누구나 쉽게 사용하고 접근할 수 있는 도구여야 합니다. 저는 주로 구

---

3 원스톱 리소스는 필요한 모든 정보를 한곳에서 제공받을 수 있는 자원이나 서비스를 의미합니다.

글 시트를 사용해 실시간으로 리서치 로드맵을 업데이트하고 팀원들에게 공유합니다. 이전에는 제가 속한 조직의 팀원들이 자주 사용하는 Miro나 MS 워드를 쓰기도 했습니다. 즉, 조직에서 잘 사용하고 있고 이미 익숙한 툴을 선택하면 됩니다.

이때 별도로 공유하지 않아도 실시간으로 공유되는 클라우드 기반 도구를 선택하고, 밀접하게 일하는 이해관계자들도 항상 읽을 수 있도록 접근 권한을 확인하는 것이 중요합니다. 또 사내 메신저 프로필 등에 해당 링크를 꼭 기재해두어 누구나 언제든 접속할 수 있게 하고, 미팅에서도 자주 활용하여 이해관계자가 '리서치에 대해 궁금할 때는 일단 이 문서를 보면 되겠구나'라고 생각할 수 있도록 공유해야 합니다. 이렇게 함으로써 문서가 어디 있는지 묻고, 공유를 요청하는 데 소비되는 시간을 낭비하지 않을 수 있습니다.

리서치 로드맵은 어느 주기로 작성해야 할까?

저는 리서치 로드맵을 분기별로 나눠 사용합니다. 각 분기 시작 전에 다음 분기에 해야 할 연구를 미리 조율하고 결정해두는 편이죠. 모든 조직에서 가능한 업무 패턴은 아니지만, 제품 로드맵은 적어도 한 분기 정도는 앞서 계획해야 하기 때문에 그에 맞게 리서치 로드맵을 세웁니다. 물론 중간에 변수도 많이 생기고, 밀리는 일도 많고, 급하게 다른 연구나 업무를 진행해야 할 때도 있지만, 한 분기 전에는 이해관계자가 나와 함께 알고 싶은 리서치 질문을 하도록 미리 언질을 주는 것이 좋습니다.

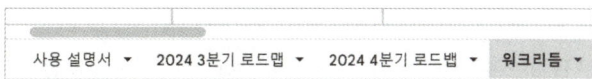

| 사용 설명서 ▼ | 2024 3분기 로드맵 ▼ | 2024 4분기 로드뱁 ▼ | **워크리듬** ▼ |

리서치 로드맵 + 워크 리듬 문서 탭 구성

분기별 일정이 잡히면 주간별로 주요 태스크를 표시합니다. 예를 들어 사용성 테스트를 진행 중이라면 주마다 주요하게 진행하고 있는 일들을 적습니다. 그러면 그 주에 꼭 해야 하는 일이 한눈에 보여 방향성이 생기고, 팀원들도 연구 진행 상황을 참고할 수 있으며, 현재 어느 정도의 업무를 진행했는지도 참고할 수 있습니다.

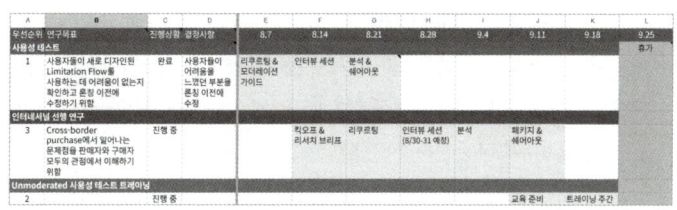

로드맵 구성 이미지

리서치 로드맵의 구성 요소는 무엇일까?

리서치 로드맵에 포함되어야 하는 내용은 다음과 같습니다.

- **우선순위**: 각 프로젝트를 1순위부터 3순위까지 분류해 중요도를 표시합니다. 1순위가 가장 중요하고 긴급한 프로젝트고, 2, 3순위는 1순위 프로젝트가 끝난 뒤 진행해도 되거나, 다음 분기로 밀려도 괜찮은 프로젝트라고 생각하면 됩니다. 시간이 지날수록 2, 3순위의 프로젝트가 1순위로 올라오기도 합니다.

- **프로젝트 이름**: 해당 프로젝트의 이름을 적습니다.
- **연구 목표**: 프로젝트의 목표를 명확히 적습니다. 연구 목표는 이해관계자에게 끊임없이 이 프로젝트를 왜 하는지 상기시키는 장치가 됩니다. 프로젝트 기간이 길어지면 목적이 불분명해지거나 유야무야 사라지는 경우가 종종 발생하니 꼭 적는 것이 좋습니다.
- **결정 사항**: 연구 후 내릴 결정을 적습니다. 연구 목표와 마찬가지로 프로젝트 중간중간 결정 사항을 상기하는 데 도움이 됩니다.
- **진행 상황**: 이해관계자가 프로젝트의 진행 상황을 확인할 수 있도록 시작 전, 진행 중, 완료, 보류 등으로 표시합니다.
- **주차별 태스크**: 프로젝트마다 해당 주에 진행 중인 일이 무엇인지를 자세히 적습니다.
- **연구 외 진행 중인 기타 업무**: 연구와는 관련이 없더라도 하고 있는 다른 업무들을 적습니다. 예를 들어 리서치 관련 트레이닝, 워크숍 진행, 주니어 리서처 멘토링 등 그때그때 진행하는 모든 업무를 적어야만 리서처의 업무 상황 및 업무량이 온전히 전달됩니다.
- **워크 리듬**: 워크 리듬도 부록으로 추가해둡니다. 팀원들은 워크 리듬을 통해 어떤 시간에 미팅을 하기를 선호하고 메시지 응답이 빠른지를 알 수 있습니다.

리서치 로드맵의 연구 프로젝트는 어떻게 결정할까?

리서치 로드맵에 어떤 연구 프로젝트를 포함할지 결정하는 것은 굉장히 중요합니다. 어떤 리서치를 할 것인지 결정하는 스타일은 조직마다 다릅니다. 하지만 분명한 것은 시니어 레벨로 갈수록 이해관계자가 요청하는 리서치 프로젝트뿐 아니라, 여러 문제를 더욱 광범위하게 해결할 수 있는 연구 주제를 미리 파악하고 수행하기 위해 노력해야 한다는 점입니다. 여러 도메인을 섭렵하는 연구를 진행하는 역량은 이해관계자와 꾸준히 소통하면서, 또 확산적 사고를 꾸준히 하면서 자연스럽게 키울 수 있습니다. 직접 찾아낸 주제의 프로젝트와 이해관계자가 요청하는 프로젝트의 수를 균형 있게 맞추고, 이를 모든 이해관계자와 협의하여 결정해야 합니다.

다음 링크를 통해 리서치 로드맵 템플릿을 다운로드하여 활용해 보세요.

- https://bit.ly/3XPkyjc

빅테크 인사이드

페이팔에서 선배 리서처로부터 로드맵을 사용해보라는 추천을 받았습니다. 로드맵 없이 일할 때는 이미 리서치 일정이 꽉 차 있는 상황에서 특정 이해관계자의 요청을 거절하거나 일정을 연기하기가 매우 곤란했습니다. 이해관계자 입장에서는 '왜 자꾸 안 된다고만 하지?'라고 생각할 수 있으니까요. 하지만 로드맵을 사용한 후부터는 1분기 계획을 보여주면서, 언제 새로운 리서치 요청을 받을 수 있고, 언제 리서치를 진행할 수 있는지 투명하게 소통할 수 있었습니다. 이해관계자들도 로드맵을 통해 저의 스케줄을 확인할 수 있어, 제가 단순히 요청을 거절하는 것이 아니라는 점을 이해하게 되었습니다. 더 나아가 이번 분기에 진행하기 어려운 리서치는 다음 분기의 우선순위로 두는 방식으로 조율할 수 있어서 연구 계획을 예측하고 스케줄을 조절하는 것이 훨씬 수월해졌습니다.

피드백의
기술

03

많은 정성 리서처가 일하는 학계에서는 모든 연구에 피어 피드백 peer feedback[4]을 받는 것이 당연시됩니다. 연구 경력이 오래된 시니어 리서처 역시 피드백은 당연히 받아야 한다고 생각하죠. 회사에서 일하는 리서처 또한 피어 피드백을 잘 활용하면 연구의 질뿐만 아니라 연구의 임팩트 또한 높일 수 있습니다. UX 리서처가 받는 피드백의 종류와 피드백 활용법에 대해 자세히 살펴봅시다.

피드백의 두 가지 종류

피드백의 종류는 연구의 질을 높이기 위한 것과 임팩트를 높이기 위한 것으로 구분할 수 있습니다. 각각의 피드백 제공 대상과 받는 법 등에 대해 이야기해보겠습니다.

---

4 피어 피드백은 동료 리서처나 학생들이 서로의 연구나 과제에 대해 평가하고 건설적인 피드백을 제공하는 과정입니다. 이는 연구의 질을 높이고 리서처 간의 비판적 사고와 협력 능력을 강화하는 데 중요한 역할을 합니다.

① 연구의 질을 높이기 위한 피드백

연구의 질을 높이기 위한 피드백은 통상 '동료 리서처'가 제공합니다. 리서치 디자인이나 모더레이션 가이드 등 리서치의 전문성이 필요한 피드백을 받는 것이죠. 피드백받을 문서를 동료 리서처에게 공유하여 해당 문서에 코멘트를 남기는 방식을 활용합니다. 동료 리서처들은 진행 중인 프로젝트에 대해 잘 모를 수 있으므로, 리서치 플랜이나 모더레이션 가이드 등을 꼼꼼히 읽고 충분히 생각할 시간을 제공하려는 것입니다.

빅테크 인사이드

시니어 리서처가 주니어 리서처에게 주는 피드백만이 의미 있을 거라는 오해가 많습니다. 하지만 피드백은 연구를 직접 행하는 당사자가 놓칠 수 있는 부분을 보완해주고, 잘 설명하지 못한 것을 더 명확히 전달하도록 돕는 중요한 장치입니다. 그렇기 때문에 주니어급 리서처가 시니어에게 주는 피드백도 분명 큰 도움이 됩니다. 제가 속해 있던 팀의 매니저는 리서처 레벨에 상관없이 팀 내에서 서로 피드백을 주고받는 문화를 장려했는데, 자신의 리서치에서 너무 익숙해진 나머지 보이지 않는 어려운 용어나 인터뷰 질문의 이해도를 점검하는 데 매우 유용했습니다.

② 연구의 임팩트를 높이기 위한 피드백

두 번째 종류의 피드백은 매일 함께 제품을 만드는 '타직군의 동료', 즉 이해관계자에게 받는 피드백입니다. 연구의 질을 높이는 것보다 리서치 프로젝트를 진행하면서 내린 결정과 그 이유를 공유함으로써 이해관계자가 내 의사결정 과정을 이해하도록 하기 위함입니다. 이 과정을 연구 전체 단계에 걸쳐 진행하면 이해관계자가 자연스럽게 프로젝트를 이해하도록 돕고, 참여도와 심리적 투자를 높일 수 있습니다. 연구에 대한 참여도와 심리적 투자는 연구 결과를 더 잘 활용하게 하는 필수 요소라는 점을 잊지 마세요!

임팩트를 높이기 위한 피드백은 리서치를 하는 이유를 공유하고 결과가 어떻게 활용될 것인지 팀과 미리 조율하는 목적을 갖기 때문에 실시간으로 진행합니다. 정기적인 미팅 시간을 활용하여 피드백을 받을 수 있죠. 결정 규모에 따라 모든 직군이 함께하는 팀 미팅에서 팀원 전체에게 공유하고 피드백을 받을 수도 있고, 나와 밀접하게 일하는 UX 디자이너 또는 PM과의 1:1 정기 미팅을 통해 피드백을 구하기도 합니다. 예를 들어 전반적인 리서치 브리프 피드백은 팀원 모두가 함께하는 미팅에서 받고, 모더레이션 가이드나 초기 분석 자료에 대한 피드백은 UX 디자이너나 PM과의 1:1 미팅을 통해 받습니다.

오해를 피하는 피드백의 기술

피드백에 대해 이야기할 때 빼놓을 수 없는 부분이 감정에 관한 문제입니다. 직접 대면하지 않고 텍스트로 피드백을 남기면 표현이나 문체 때문에 피드백을 받는 사람이 의도를 오해하는 경우도 있으니까요. 따라서 피드백을 '어떻게' 주는지는 매우 중요합니다.

① 피드백이 당연한 조직 문화 만들기

피드백을 오해 없이 주고받기 위해서 선행돼야 하는 것은 조직이나 팀 내 피드백 문화를 형성하는 것입니다. 피드백 문화가 있다면 받은 피드백이 조금 거칠더라도 상대방의 의도가 좋다고 가정하게 됩니다. 피드백 문화가 자리 잡히지 않은 조직에 있다면 이런 문화가 시작되도록 먼저 제안해보기를 추천합니다.

② 최종 결정자는 문서 작성자라는 점을 인정하기

피드백을 제공할 때 항상 피드백은 제안suggestion일 뿐, 제안 내용을 실제로 받아들일지는 결국 '문서 작성자'의 선택이라는 점을 명심해야 합니다. 최종 결정자는 피드백 제공자가 아닌 문서 작성자인 겁니다. 이렇게 하면 문서 작성자의 오너십과 전문성을 자연스럽게 존중할 수 있습니다. 물론 프로 의식을 가진 문서 작성자라면 피드백을 수용하지 않았을 때 왜 그런 결정을 내렸는지 충분히 설명할 수 있어야 합니다.

③ 피드백을 질문으로 만들기

피드백을 질문으로 만드는 방법은 상대방이 방어적으로 느끼지 않게 하면서도 개선점을 찾는 데 큰 도움이 됩니다. 예를 들어 프로젝트에 참여한 팀원이 어떤 문서를 잘 이해하지 못했다면, 그 문서에 논리적 결함이 있거나 전달 방식에서 개선할 점이 있을 가능성이 큽니다. 이럴 때는 팀원 입장에서 문서 작성자에게 "이 부분이 잘 이해되지 않는데, 조금 더 자세히 설명해주실 수 있을까요?"라고 질문하는 방식으로 접근하면 오해 없이 소통할 수 있습니다. 또한 이 과정에서 문서의 논리나 전달 방식을 개선할 수도 있습니다.

④ 긍정적인 피드백도 함께 제공하기

잘하고 있는 점이 무엇인지도 개선 사항과 함께 꼭 말해주세요. 우리는 일할 때 뭘 잘 못하는지보다 뭘 잘하는지를 모르는 경우가 더 많습니다. 잘한 점에 대해 피드백을 할 경우 상대방이 무엇을 계속해서 잘하면 되는지 알려줄 뿐 아니라 피드백을 소화할 때 심리적인 벽을 낮추는 데에도 도움이 됩니다.

당신은
어떤 레벨의
리서처인가요?

지금까지 실력 있는 UX 리서처가 되기 위한 시스템을 만드는 방법에 대해 이야기했습니다. 그럼 어떻게 계속해서 성장할 수 있을까요? 좋은 리서처로 성장하기 위해서 두 가지 스킬이 필요합니다. 바로 리서치 스킬과 영향력을 발휘하는 스킬입니다. 제가 일한 회사에서도 이 두 가지 스킬을 기준으로 주니어, 미드, 시니어를 가르곤 했습니다.

리서치 컨설턴트 데이브 호라Dave Hora가 제시한 표를 통해 더 자세히 이야기해보겠습니다. 이 표는 각 레벨에 따라 리서치가 어느 범위까지 커버하는지를 나타낸 것입니다. 대부분의 회사는 각 레벨의 리서처에게 기대되는 역량과 스킬을 이와 유사한 표로 정리해 둡니다.

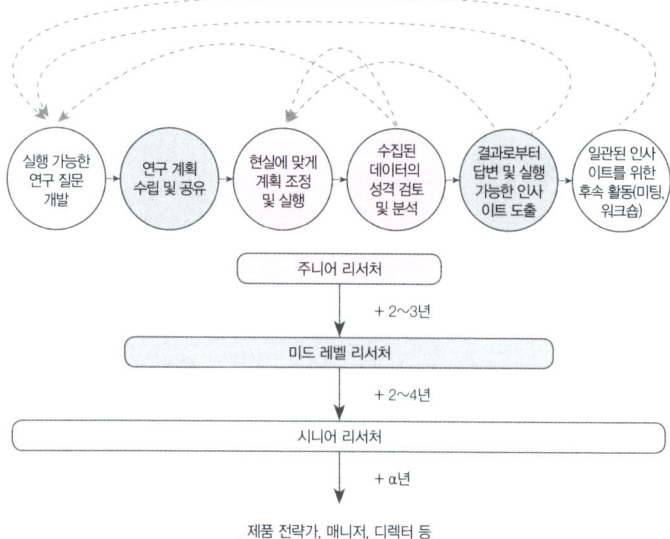

UX 리서처 레벨과 범위(출처: uxdesign.cc)

각 레벨에서 요구하는 기대치는 다음과 같습니다.

- **주니어 레벨**: 연구 요청을 적절하게 실행하고 제대로 된 분석을 해냅니다.
- **미드 레벨**: 프로젝트를 리드하며 연구 과정 전반에 이해관계자를 포함시켜서 프로덕트 레벨의 결정을 내릴 수 있는 POV(point of view)를 만듭니다.
- **시니어 레벨**: 조직의 지식을 관리하고 리서치의 안건과 로드맵을 제시하며, 지적 파트너(thought partner)로서 리서치 인사이트가 제품이나 조직 전반에 스며들도록 합니다.

이 그림에서도 볼 수 있듯이 순전히 리서치 스킬만이 중요한 단계는 주니어와 미드 레벨까지입니다. 시니어 레벨에서는 연구를 잘

하는 것 외에 비즈니스를 전체적으로 이해하고 이해관계자와의 관계를 관리해 리서치 임팩트를 내는 것이 훨씬 더 중요합니다.

실제로 시니어 레벨에서는 얼마나 많은 방법론을 아는지, 정량 연구와 정성 연구를 다 할 수 있는지, 기술적인 지식이 얼마나 있는지보다 리서치를 통해 얼마나 많은 이해관계자에게 영향을 미치며 실제로 임팩트를 낼 수 있는지가 더욱 중요해집니다. 제가 전에 일했던 회사에서도 주니어에서 미드 레벨로 올라갈 때는 리서치 스킬이 평가 기준이었으나, 이후에는 얼마나 많은 팀과 조직에 영향력을 미치느냐로 기준이 바뀌었습니다. 따라서 리서치 실력뿐 아니라 이 책의 전반에서 언급해온 이해관계자를 리서치에 참여시키고 설득하는 방법들을 익혀 영향력을 발휘하는 스킬을 꾸준히 쌓길 바랍니다.

"

**UX 리서처의 최종
책임은 무엇인가요?
리서치 수행과 디브리
핑까지인가요,
아니면 결과를 실제
성과로 만들어내는
것까지인가요?**

"

이 질문에 대한 답은 명확합니다. 리서처의 최종 책임은 리서치 결과를 통해 변화를 이끌어내는 것입니다. 이 변화를 리서치 임팩트라고 하죠. 그렇다면 리서치 임팩트란 도대체 무엇일까요? Verizon의 UX 리서치 디렉터 빅토리아 소식$^{Victoria Sosik}$은 리서치 임팩트를 다음과 같이 정의했습니다.

"리서치 임팩트란 UX 리서치로 만들어진 지식이
다른 사람, 조직, 제품, 전략에
영향을 미치는 것이다."

우리가 가장 원하는 리서치 임팩트는 바로 수치나 지표의 개선일 것입니다. 예를 들어 이탈률$^{drop\ out\ rate}$이 떨어지는 것과 같이요. 그러나 이러한 수치적 결과를 내는 것은 쉽지 않고 오랜 시간이 걸릴 수 있습니다. 따라서 리서치 임팩트는 제품의 작은 디자인을 바꾸는 택티컬 레벨$^{tactical\ level}$부터 전반적인 기능 개발, 개발 제품 선정과 같은 조직적 방향과 연관된 전략적 수준까지 포함할 수 있습니다. 뿐만 아니라 이해관계자의 리서치 이해도를 높이고, 리서치가 더욱 효율적으로 이루어지도록 시스템을 구축하는 것도 리서치 임팩트입니다.

실제로 제가 일했던 글로벌 회사들의 리서치팀에서는 인사 평가 기준이 '얼마나 많은 리서치를 했느냐'가 아닌 '리서치 이후에 어떤 변화가 일어났느냐'입니다. 리서처는 단순히 리서치를 수행하는 것에 그치지 않고, 리서치 임팩트를 만들어내야 합니다. 그러니 당연히 리서치 수행과 결과 보고만이 리서처의 최종 책임이 아니겠죠.

물론 리서치가 주 업무인 UX 리서처가 리서치 인사이트만으로 실제 성과를 만드는 것은 어려운 일입니다. 때로는 다른 이해관계자들(UX 디자이너, PM 등)의 업무 영역을 침범하는 문제가 발생할 수 있습니다. 그러므로 리서처의 최종 책임은 리서치를 잘 수행하는 것과 더불어 도출한 인사이트가 결과에 잘 반영되도록 이해관계자들과 끊임없이 조율하고 협력하는 것입니다.

5
버티컬은 특정 산업 또는 시장의 세분화된 부분으로, 특정 제품이나 서비스를 제공하는 전문화된 고객 그룹을 대상으로 합니다. 이는 일반적인 시장과 달리 특정 요구와 니즈를 만족시키기 위해 설계된 맞춤형 솔루션을 제공합니다. 헬스케어, 금융, 교육 등의 분야가 버티컬에 속합니다.

6
조직 내에서 부서나 팀이 서로 협력하지 않고 고립된 채로 독립적으로 운영되는 현상을 의미합니다. 이는 정보 공유와 협업이 부족해져서 전체 조직의 효율성과 성과를 저하시킬 수 있습니다. 예를 들어 마케팅팀과 판매팀이 각각 독립적으로 일하며 서로의 활동을 공유하지 않는 경우를 사일로 현상이라고 합니다.

어떤 회사든 UX 리서처 수가 UX 디자이너, PM, 엔지니어에 비해 현저히 모자란 것이 현실입니다. 그래서 한 명의 UX 리서처가 다양한 주제나 버티컬[vertical5]을 맡게 되어 함께 일하는 팀에서 요청하는 리서치만으로도 쉽게 바빠집니다.

이럴 때일수록 팀에서 요청한 리서치와 UX 리서처가 직접 선정한 리서치의 비율을 맞춰 관리하는 것이 중요합니다. UX 리서처는 비슷한 주제의 다양한 팀과 일하면서 팀과 조직 간 사일로[silo6]를 연결하는 역할을 할 수 있기 때문이죠. 요청이 들어오는 주제를 전체적으로 조망하면서 어떤 질문들이 함께 묶여 시너지를 낼 수 있고, 어떤 주제가 가장 큰 임팩트를 낼 만한 문제인지를 생각해보세요.

여러 팀과 함께 일할 때는 PART 9에서 언급한 리서치 로드맵을 적극 활용하는 것이 좋습니다. 팀원들에게 나의 분기별 계획을 미리 알리면, 내가 그들의 연구 요청을 이행함으로 포기해야 하는 다른 활동에 대한 기회비용 또한 투명하게 알릴 수 있을 테니까요.

저는 사용 맥락의 변화가 크지 않은 경우라면 두 팀이 요청한 연구 질문을 묶어서 해결하기도 합니다. 특히 사용성 테스트, 콘텐츠의 이해도 검증 등 비교적 짧게 해결 가능한 문제라면 한 번에 해결하여 리서처의 시간도 아끼고, 리서치 결과를 듣는 팀이 해당 팀의 프로덕트 이외에도 주의를 기울일 수 있게 합니다.

에필로그

정성 연구, 과학과 예술의 조화

이 책을 통해 정성 연구가 과학과 예술의 조화라는 점을 느끼셨을 겁니다. 해석주의라는 리서치 패러다임을 기반으로 참여자의 복잡한 경험과 감정을 체계적으로 분석하는 과정은 과학적입니다. 그러나 리서치 과정에서 만나는 참여자나 이해관계자와 효과적으로 소통하는 것은 예술의 영역에 더 가깝지요. 그리고 이 책을 끝까지 읽었다면, 이제 정성 연구가 '믿을 만하지 않다'라고 말하는 사람은 없을 것이라 믿습니다.

정성 연구는 사람의 생각과 마음을 다룹니다. 그런데 사람의 생각과 마음은 갈등과 모순으로 가득합니다. 그렇기에 이를 단순히 '맞다', '틀렸다'로 나눌 수 없으며 숫자로 정확하게 측량할 수도 없습니다. 하지만 이러한 복잡성을 이해하고 설명하는 것은 충분히 가능합니다. 우리가 내리는 결정에 영향을 미치는 다양한 요소들과 상황 그리고 맥락을 깊이 파악할수록 유저를 더 잘 이해할 수 있습니다. 그리고 이런 깊은 이해를 바탕으로 좋은 제품을 만드는 데 더욱 기여할 수 있습니다.

또한 이 책을 통해 정성 연구가 왜 가성비 높은 방법인지, 어떻게 하면 더욱 효율적으로 활용할 수 있는지 그리고 이러한 부분을 이해관계자들에게 어떻게 효과적으로 설명하고 설득할 수 있는지에 대해 깊이 이해했기를 바랍니다. 잘 읽고, 잘 듣고, 잘 질문하고, 잘 정리하는 것이 정성 연구의 핵심 스킬입니다. 이 능력만으로도 상황과 리소스에 적절한 리서치를 설계하고 효과적인 방법론을 선택할 수 있다는 점을 잊지 마세요.

마지막으로 정성 연구를 하는 여러분에게 꼭 하고 싶은 말이 있습니다. 자신을 잘 돌보세요. 정성 연구에서 데이터를 수집하고 분석하는 중요한 도구는 바로 우리 자신, 정성 UX 리서처입니다. 우리의 뇌가 여러 맥락이나 요소를 잘 처리할 수 있어야 깊이 있는 인사이트를 도출해낼 수 있습니다. 하지만 컨디션이 좋지 않고 다른 걱정거리가 머릿속을 가득 채우고 있다면 효율적인 데이터 처리와 분석이 어려워집니다.

우리는 기계가 아닙니다. 그러니 자신을 잘 돌보는 일이 결국 나와 조직 모두에게 장기적으로 도움이 된다는 사실을 기억하세요. 일에 끊임없이 몰두하기보다는 바운더리를 설정하고 여러분이 가장 잘할 수 있는 것에 전략적으로 집중하는 방법을 배우기 바랍니다.

정성 연구를 통해 제품과 세상을 변화시킬 여러분을 응원합니다.